AF283919

Jaume Subirana (Barcelona, 1963) es catedrático de Literatura Catalana en la Universitat Pompeu Fabra y escritor. Ha publicado, entre otros libros, *Cultural Organizations, Networks and Mediators in Contemporary Ibero-America* (con Diana Roig-Sanz), *Construir con palabras. Escritores, literatura e identidad en Cataluña (1859-2019)* y *Josep Carner: l'exili del mite (1945-1970)*. Fue director de la Institució de les Lletres Catalanes, y vicepresidente del PEN Català.

Literatura, lengua y lugar
Termodinámica aplicada

La concepción y el estudio de la literatura suelen remitir a un sistema cerrado y estable. Eso era comprensible en el siglo XIX, pero ya no. Hoy, el estudio de la literatura entendido como exégesis textual y vidas de santos no sirve para explicar cómo y por qué sigue siendo una actividad social y cultural significativa. *Literatura, lengua y lugar* se pregunta, aplicando los principios de la termodinámica, qué pasa en la confluencia de estos tres elementos en un mundo acelerado y cambiante.

Literatura, lengua y lugar

Jaume Subirana

Literatura, lengua y lugar

Termodinámica aplicada

Traducción
Juan Gabriel López Guix

editorial anagrama

Título de la edición original:
Literatura, llengua i lloc. Termodinàmica aplicada
Anagrama
Barcelona, 2025

Primera edición: junio 2025

Diseño de la colección: lookatcia.com

© De la traducción, Juan Gabriel López Guix, 2025

© Jaume Subirana Ortín, 2025
  Por acuerdo con Asterisc Agents

© EDITORIAL ANAGRAMA, S. A. U., 2025
  Pau Claris, 172
  08037 Barcelona

ISBN: 978-84-339-4657-7
Depósito legal: B. 4474-2025

Printed in Spain

Liberdúplex, S. L. U., ctra. BV 2249, km 7,4 - Polígono Torrentfondo
08791 Sant Llorenç d'Hortons

We have found it of paramount importance that in order to progress we must recognize our ignorance and leave room for doubt.

RICHARD FEYNMAN

Els lectors necessitem desesperadament silenciar la xerrameca que traginem amunt i avall: prejudicis, conviccions, resistències, expectatives...

GEMMA GORGA

Imaxinar unha patria que non estea na orixe, que non sexa a pantasma dun momento primitive; unha patria que sexa oposto ao mito fascista da patria.

ÁLEX A. NOGUEIRA

1. Tema, ideas y un panorama

En mayo de 1865 un joven Jacint Verdaguer, que vive en el Mas Tona, en Calldetenes, junto a Vic, y estudia en el seminario de esa ciudad, se presenta en el Saló de Cent de Barcelona para recoger dos premios obtenidos en los Juegos Florales ataviado con sus mejores galas de payés, y algo más tarde ve publicado su primer poema, «Dos màrtirs de ma pàtria». Aquel mismo año, el físico prusiano Rudolf Clausius describe en Zúrich (como ampliación de la segunda ley de la termodinámica) el concepto de entropía, una aportación que resultará fundamental para la ciencia y la historia de las ideas, como lo había sido poco antes, en 1859, la publicación de *El origen de las especies* de Charles Darwin. Nos encontramos en el momento en que Europa vivía, además de las consecuencias de la Revolución Industrial, una auténtica «fiebre centenaria» que llevó en poco tiempo a la organización en diferentes puntos del Viejo Continente de conmemoraciones públicas de Schiller (1859), Shakespeare (1864), Dante (1865), Petrarca (1874), Voltaire (1878) o Rousseau (1878), presentados todos ellos como figuras simbólicas de sus respectivos países o lenguas. ¿Y qué tienen que ver países, lenguas, monumentos en los parques burgueses y las leyes de la termodinámica? El tema de este breve ensayo es, tal como indica su título, lo que ocurre hoy con la combinación de literatura, lengua y lugar en un espacio muy concreto: el de la lengua catalana, vista, empero, como síntoma de dinámicas que no nacen ni se agotan en ella, pensada como un buen ejemplo o caso de estudio de cuestiones generales que adoptan en cada circunstancia tonos diferentes y, al mismo tiempo, son siempre comparables. Con el fin de plantear dicho tema (la mencionada combinación de tres materias relacionadas por más que a todas luces discernibles y distinguibles), partiremos de un panorama de lo que podemos llamar la literatura catalana actual (sumario, de modo inevitable, debido a la extensión de los volúmenes de esta colección), aunque antes plantearemos algunas ideas o conceptos que podrían parecer extemporáneos pero que tienen una relación directa con la combinación posible, en el siglo XXI, de lugar, lengua y literatura. Son los principios de la termodinámica y el concepto de entropía propuestos por Clausius, el término *polisistema* de Even-Zohar y la «movilidad sobremoderna» de la que habla Marc Augé.

En contra de lo que estamos dispuestos a admitir, el estudio y la concepción de la literatura (y podemos incluir aquí la literatura catalana) funciona en muchos lugares en un sistema cerrado y estable, y remite a él. Se trataba de algo comprensible (y seguramente positivo) en el siglo XIX, en el contexto de la «Primavera de los Pueblos», del nacimiento de muchos Estados-nación y del nacionalismo lingüístico de raíz romántica, y quizás también, en el caso catalán, en las décadas de 1950 y 1960, bajo el alud de prohibiciones que obligaban a explicar de forma limitada la realidad y hacían que se tendiera al proteccionismo, el aislamiento y la militancia. Sin embargo, ya no estamos en esos escenarios. Hoy, el estudio tradicional de la literatura, entendido como una combinación de exégesis textual y vidas de santos, no sirve para explicar cómo y por qué sigue siendo una actividad social y cultural significativa.

Llamamos leyes de la termodinámica a aquellas que determinan la cantidad de energía disponible, y esas leyes (o principios) presuponen en los procesos estudiados un concepto llamado *entropía,* que podemos definir como la medida del desorden de un sistema, o también como la energía no utilizable para realizar trabajo. Creo que pensar la literatura y la cultura actuales en términos de energía, entropía y procesos puede ayudarnos a describir y comprender mejor toda una serie de hechos que ocurren y que no siempre merecen la suficiente atención o que a veces no sabemos dónde situar, cómo valorar o cómo nombrar.

Antes he mencionado a Clausius y a Verdaguer, así como el año 1865: no ha sido solo porque coincidieran en el tiempo en un momento determinado, sino porque me parece que literatura catalana y entropía (las literaturas y la entropía) guardan relación. Y porque creo que mirando y describiendo la literatura, las literaturas, en términos de sistemas (y como tales en permanente evolución, nunca aisladas, siempre interrelacionadas) podremos decir cosas significativas sobre cada literatura en cuestión (y sobre los lugares y las lenguas relacionadas con ella). Los fenómenos culturales no pueden ser entendidos (y, por lo tanto, no deberían ser estudiados) analizando solamente rasgos o elementos aislados.

Por más que este no sea en el sentido estricto un libro de filología, y que el «tema» tratado no sea la literatura catalana (o solo la literatura catalana), querría, no obstante, esbozar unas notas preliminares sobre la disciplina. La filología catalana cuenta en su haber con una buena cantidad de historias de su literatura, desde los trabajos iniciales de Pers i Ramona (1857) o Cambouliu (1910) hasta la enciclopédica *Història de la literatura catalana* de Martí de Riquer, Antoni Comas y Joaquim Molas en ocho volúmenes (1964-1986), y cuenta también con cierto número de libros que ofrecen una visión más o menos panorámica del tema y, de modo más reciente, con el utilísimo *Panorama crític de la literatura catalana* (2006-2011), coordinado por Albert Hauf, Albert Rossich, Enric

Cassany y Enric Bou. Pese a ello, le «faltan» buena parte de los estudios temáticos y teóricos que han ido apareciendo en otras culturas y lenguas a lo largo de las últimas cinco o seis décadas. No hay en catalán, por ejemplo, obras generales que den a ciertos autores específicos el claro protagonismo que les da la *Storia della letteratura italiana* de De Sanctis (1983), ni que tematicen el relato de la historia de la literatura como lo hace *Storia della letteratura brasiliana* de Stegagno Picchio (1997). Y también falta aún un relato crítico documentado sobre el modo en que la cultura y la literatura han sido hasta ahora una clara fuente de identidad colectiva. Por otra parte, al planteamiento sobre todo historicista de buena parte de lo que se ha escrito, publicado y enseñado durante los últimos sesenta años le cuesta incorporar algunas de las lecciones de la literatura comparada o de la historia cultural: hemos leído y, aquí y allá, traducido a Edward W. Said, Pierre Nora o Pierre Bourdieu, pero sus ideas sobre culturas y literaturas subalternas, patrimonio inmaterial y lugares de la memoria, sobre campos culturales y agentes culturales, gran parte de unas aportaciones que hoy son moneda común en el debate académico internacional, se han aplicado poco en el «caso» catalán. Falta aún documentar, relacionar y explicar de manera, digamos, general (más allá de gustos personales o apuntes de caso, de los artículos y las tesis que por suerte van apareciendo) el papel de los diferentes agentes (autores, traductores, editores, críticos, academia, sistema escolar, público, instituciones, librerías, premios) en el subsistema de la literatura catalana; así como el espacio que ocupa todo eso en el sistema más amplio, por una parte, de la cultura catalana contemporánea en general y, por otra, en relación con los grandes sistemas literarios y culturales vecinos (y esta palabra ya es en sí misma bastante problemática), que hoy son básicamente el español en lengua castellana (en Francia, el francés en francés) y el transnacional en inglés. Además, puestos a pedir, falta también vincularlo todo con los debates internacionales no estrictamente literarios sobre nacionalismo y posnacionalismo, turbocapitalismo, movilidad, digitalización y globalización. La forma en que muchos describen y clasifican (y, por lo tanto, valoran y gestionan) la literatura catalana no ha cambiado en esencia desde la entrada de Verdaguer en el barcelonés Saló de Cent o desde la creación de la primera cátedra de Literatura Catalana en la década de 1960. Si, como intuyó Darwin, las especies no son inmutables (por más que carezcamos de la suficiente perspectiva temporal para apreciarlo con nuestros propios ojos), ¿por qué iban a serlo la lengua catalana y lo que entendemos como literatura en esa lengua?

Como bien saben las destinatarias de mi agradecimiento, este libro tan breve no ha sido fácil de escribir. Probablemente por la suma de las limitaciones del autor y un exceso de prudencia, y quizás también porque las cuatro ideas que contiene han querido madurar poco a poco. En todo caso, *Literatura, lengua y lugar* no sería lo que es sin la paciencia infinita de Isabel Obiols, Silvia Sesé y Carlota Torrents. Tampoco sin la ayuda y la complicidad de Josep M. Castellà, Itamar Even-Zohar, Josune García, Sheddad Kaid-Salah Ferrón, Miquel Àngel Llauger, Juan Gabriel López Guix, Marià Marín, Enrique Santos y Carles Torner.

2. Termodinámica aplicada: de principios y entropía

Escribe el químico A. David Buckingham en *The Laws and Applications of Thermodynamics* que la termodinámica es el estudio de los intercambios de energía «para obtener relaciones precisas de las propiedades de los sistemas en equilibrio, o los efectos de los cambios en un parámetro sobre determinadas propiedades». Espero que con esta cita quede claro que la referencia a la termodinámica en este breve ensayo no está hecha a la ligera ni pretende llamar la atención sin más: los sistemas literarios y culturales son elementos dinámicos y complejos que conviven (e interactúan) entre sí en equilibrios más o menos estables en los que se intercambia energía, a menudo en un sentido y no en otro, y no siempre somos conscientes de ese hecho ni lo tenemos en cuenta, ni se hace el esfuerzo de analizar (al modo de los científicos) tal convivencia, sus implicaciones y consecuencias. Cabe decir que en semejante tarea no son de ayuda ni la rigidez de las disciplinas literarias (que tienden a pensarse y, por ende, a explicarse como compartimentos estancos, y con definiciones inalterables) ni la contaminación del posible análisis y los debates subsiguientes por parte de intereses políticos o ideológicos. Ninguna cultura, ninguna literatura, vive y se desarrolla por sí misma, sin contacto con otras culturas ni otras literaturas. Espero que las leyes de la termodinámica aporten algo de luz o al menos un punto de vista diferente, complementario, en esta mirada (fugaz, tal vez) sobre la literatura y el espacio cultural catalán a principios del siglo XXI, que nos ayuden a ajustar los principios con los que solemos pensar y que tendemos a aplicar.

En 1865, Clausius resumió así los dos primeros principios o leyes de la termodinámica:

1. La energía de un sistema aislado es constante.
2. La entropía de un sistema aislado tiende

siempre a aumentar (o permanece constante).

En relación con el segundo principio, la entropía permanece constante en el caso de que el sistema alcance el equilibrio, porque la entropía ha llegado a su máximo. La manera más habitual de describir o definir la entropía es asociándola con el desorden (y eso es correcto; y también es correcto definirla como el grado de desorden de un sistema), aunque, en realidad, sería la magnitud que mide la parte no utilizable de la energía contenida en un sistema. Una masa (o un sistema) con elementos ordenados regularmente (formando un cristal, por ejemplo) tiene una entropía menor que la misma masa con moléculas libres y en desorden (en forma de gas, por ejemplo). La entropía mide el hecho de que, de manera espontánea, todo cuerpo caliente cede calor a otro cuerpo frío, y el modo en que el sistema tiende así al equilibrio, salvo que se intervenga para impedirlo. De modo que la entropía sirve para predecir la evolución de los sistemas (los termodinámicos, de momento). En termodinámica, la segunda ley tal como la enuncia Clausius establece una dirección natural para los procesos térmicos: el calor siempre fluye de manera espontánea de un cuerpo con mayor temperatura a otro con menor temperatura. Para que el proceso se produzca en sentido inverso es necesario aportar energía externa, como en el caso de los aparatos de refrigeración. Podemos, a partir de aquí, realizar unas afirmaciones que propongo que traslademos del mundo de la termodinámica a nuestro conocimiento de los sistemas literarios:

- Los sistemas evolucionan, cambian (todos) unos en función de otros.
- Todos los sistemas evolucionan hacia el equilibrio termodinámico. Una vez alcanzado, en ausencia de intervención, el sistema estará en equilibrio.
- Los procesos siempre evolucionan hacia estados de mayor desorden. El universo (entendido como sistema aislado) tiende, a escala global y por sí mismo, al aumento de entropía, no le hace falta nuestra intervención. Y, con el aumento de la entropía, aumenta la imprevisibilidad de los sistemas, lo cual quiere decir que también se incrementa nuestra desinformación (en teoría de la información, la entropía es

una medida del ruido o la incertidumbre de un mensaje: cuanta más entropía lleve una señal, mayor será la incertidumbre) y disminuye la utilidad de las definiciones y las previsiones.

Cuidado, no afirmo que se pueda o se deba establecer un paralelismo fácil, o absoluto: ciñámonos a la idea de que, entre cuerpos o sistemas próximos, se da, de manera espontánea, natural, un intercambio de energía (que va en una dirección más que en otra) en pos de un equilibrio que tiende más a la nivelación, la uniformidad, que a la diferencia, y siempre con pérdidas de energía útil por el camino (pérdidas que no son recuperables). Traducido a ejemplos que vemos todos los días en la dinámica de nuestro sistema literario: entre literatura catalana, literatura en español y literatura internacional (por nombrar de algún modo la literatura básicamente anglosajona que nos coloca el mercado mundial) hay intercambios espontáneos (más allá de voluntades y campañas) que van sobre todo en una dirección (de los elementos con más temperatura a los que tienen menos) y tienden a buscar el equilibrio, la no (o menor) diferencia. Eso afecta a libros, autores, editores, medios de comunicación y formas de reconocimiento. Y, lo repetimos, pasa de manera espontánea e inevitable, salvo que decidamos intervenir en el sistema de sistemas (aportando energía). La energía cambia y se redistribuye en un flujo permanente de relaciones y en una dirección determinada. Así debería poder ser nuestra forma de pensar y hablar sobre la cultura y la literatura.

A partir de su especulación y, a un tiempo, de la observación de las máquinas de vapor, físicos como Carnot, Kelvin o Clausius se preguntan qué es y qué no es reversible en procesos de producción de energía, cómo definir y medir la eficiencia de una máquina o un sistema, de qué depende esa eficiencia, qué pasa con la energía perdida o disipada, si la energía es más utilizable cuando está concentrada o cuando está dispersa... No cabe duda de que esas preguntas podrían ayudarnos –si somos capaces de trasladarlas correctamente– a pensar sobre los sistemas literarios y a superar intuiciones, presunciones y dicotomías que se arrastran a veces desde la época del establecimiento de los principios de la termodinámica. Tomemos, por ejemplo, la respuesta (debida también a Clausius) a la última pregunta apuntada acerca del posible uso de la energía: la energía es más utilizable cuando está concentrada, y menos cuando está dispersa (la entropía sería justamente el grado de «dispersión» de la energía); con más entropía, la cantidad de energía es la misma, pero es menor la que puede utilizarse para transformarla en trabajo.

3. Nodos, más que naciones

Johann Gottfried Herder ha pasado a la historia sobre todo como uno de los precursores del romanticismo alemán y también como uno de los padres del nacionalismo. En Cataluña, su idea del espíritu del pueblo (*Volksgeist*), un alma expresada ante todo a través de la lengua, servirá para fundamentar la asociación entre nación y comunidad lingüística, o viceversa; eso ocurrió hace ya un cuarto de milenio y no han cambiado mucho las cosas. A partir de ahí y de la equiparación consiguiente una lengua = una nación = una identidad (colectiva), el nacionalismo cultural catalán se construyó como un arquetipo romántico[1] al cual podemos añadir la agonía o crisis permanente, en buena parte por la coincidencia durante ese largo período con la oposición frontal del proyecto imperialista[2] y estatal español («moderno», a principios del siglo XVIII). Como decíamos, el discurso del nacionalismo catalán se basa en un imaginario de raíz romántica e identitaria; en él, la lengua (y, por lo tanto, la literatura) desempeña un papel esencial desde la idea (y la palabra) misma de Renaixença: Cataluña nace y muere con su lengua, y una de las pruebas de la vitalidad de esta última es la literatura en catalán. Hablo de 1859 y de 2025, pero no hablo solo de Cataluña. Únicamente alguien ciego a la realidad o informado de manera exclusiva a través de medios generalistas –con frecuencia, además, pensados en monolingüe– puede creer que el nacionalismo es un fenómeno del pasado, o que los nacionalistas son, como dijo alguien, los otros. Y únicamente alguien sin ningún tipo de información puede creer que la cultura no es importante en relación con el nacionalismo: el historiador Joep Leerssen habla del cultivo de la cultura y afirma que todo nacionalismo es cultural (y que estudiarlo exige una perspectiva internacional comparada). Alex Mesoudi, catedrático de Evolución de la Cultura y heredero de los trabajos de Cavalli-Sforza y otros, va más allá:

sostiene directamente que los seres humanos somos una especie cultural.

LUGAR Y ORIGEN, HOY

No es este un ensayo sobre nacionalismo cultural, pero para hablar hoy de lengua, lugar y literatura no podemos prescindir de los vínculos automáticos entre lugares e identidades nacionales. Contémplense, si no, el desfile de los Juegos Olímpicos, el festival de Eurovisión o las inacabables batallas con las banderas y los adjetivos en Wikipedia. Sin embargo, al mismo tiempo se tiene la impresión de que el lugar de origen de las personas es cada vez menos importante. Porque hablamos del lugar... pero ¿de qué lugar, en el caso de escritores y escritoras? ¿El lugar de nacimiento? ¿El lugar de educación? ¿El lugar de escritura de cada obra? ¿El lugar de edición o impresión? ¿El lugar que el autor identifica como su lugar a partir de determinado momento? El antropólogo Marc Augé señala como una de las características del individuo «sobremoderno» (el que vive la modernidad actual por exceso) la alta movilidad, y el cambio de escala de esta. Vivimos en un mundo donde ha habido un claro aumento de migraciones y desplazamientos, por un lado, y de confluencia y mezclas, por otro. ¿Cómo afecta eso a la literatura catalana y a los escritores en catalán? Porque pensar que podría no afectar en modo alguno, como si vivieran en una caja cerrada, es una hipótesis que hay que descartar de entrada. El aumento demográfico que se ha producido en Cataluña en las últimas décadas (se ha pasado de los cerca de 6 millones de habitantes en 1980 –6,38 aún en 2002–, a los 7 millones en 2006 y los 8 millones en 2023, de los cuales 1,3 son extranjeros) coincide con un incremento también extraordinario de las cifras del turismo y con el fenómeno (más difícil de cuantificar, pero igualmente constatable) de los *expats*, extranjeros (con recursos) instalados por un tiempo (pueden ser años) en Barcelona u otras zonas donde les resulta atractivo vivir. Y si entre 1980 y 2023 el aumento demográfico en Cataluña ha sido del 25 %, añadamos que el porcentaje es del 40 % en la Comunidad Valenciana (de 3,3 millones de habitantes en 1980 a algo más de 5 millones en 2021) y de un imponente 80 % en Baleares (de 654.000 habitantes en 1980 a 1,1 millones en 2021). ¿De dónde es alguien nacido en el extranjero pero que ha decidido instalarse y vivir, porque ha encontrado trabajo o porque se ha comprado una casa, en Blanes, Ciutadella, Gandía, Guissona, Morella o Palma? Algunos hablan del mundo-ciudad por un lado y por otro, al mismo tiempo, de una exacerbación de los localismos y nacionalismos.

La idea según la cual hoy cuentan más los nodos que las naciones es del ensayista estadounidense (nacido en Kanpur) Parag Khanna, quien en *Move. The Forces Uprooting Us* sostiene que, más allá de viejos adagios como «La geografía es el destino» o «La demografía es el destino», lo que hoy determina el destino es la conectividad y la movilidad. Una movilidad que, en términos históricos, no es nueva, pero que ha crecido (y crecerá) exponencialmente, auspiciada por las grandes redes de infraestructuras (Khanna las llama el exoesqueleto mecánico) de los trenes, la red eléctrica y los cables de internet. Eso permite un movimiento rápido a una escala planetaria de personas, mercancías, servicios, tecnología y capital, y, en esa escala, conectividad y movilidad son dos caras complementarias de la misma moneda. Para Khanna, «el mundo del futuro no solo está lleno de personas que se mueven, sino que se define por la movilidad de todo». La digitalización de los trabajos y el conocimiento llevará (está llevando), lógicamente, a una digitalización (una virtualización) también de las identidades, las adscripciones, las etiquetas.

SISTEMA Y POLISISTEMA

Itamar Even-Zohar subraya la idea de que los fenómenos semióticos (los modelos de comunicación regidos por signos), y entre ellos la literatura, pueden estudiarse mejor si se los considera como sistemas en lugar de como conglomerados de elementos sin relación, y que esa idea se ha vuelto básica en las ciencias humanas. De ahí el paso de la simple recopilación y registro de datos o fenómenos al intento de formular leyes o principios que rigen la diversidad y la complejidad. Even-Zohar reivindica que el estudio de los sistemas incluya siempre una perspectiva diacrónica y, por lo tanto, que se los contemple como fenómenos dinámicos: de semejante idea (la concepción del sistema como un elemento dinámico y heterogéneo) surge su propuesta del término *polisistema*: «De este modo enfatiza la multiplicidad de intersecciones y, de ahí, la mayor complejidad en la estructuración que ello implica». El investigador de la cultura subraya asimismo que el término *polisistema*, referido a la literatura, incluye o se aplica a toda la producción editorial: no solo a los libros literarios «buenos», o a los libros en una lengua, o a los libros que están en las librerías (también a los de editores independientes, también a las autoediciones comercializadas en la red, también a los más vendidos y los de autoayuda cuya autoría es a veces desconocida). Tomemos nota: intersección o interrelación inevitables, alta complejidad, todo lo que hay y mirada en diacronía. Even-Zohar añade, además, un ejemplo especialmente revelador para nuestro ensayo: «La profunda heterogeneidad de la cultura es quizás más "palpable", por así decirlo, en casos tales como cuando una determinada sociedad es bilingüe o plurilingüe (situación que hasta hace poco fue común en la mayoría de las comunidades europeas). En el ámbito de la literatura, por ejemplo, esto se manifiesta en una situación en que una comunidad tiene dos (o más) sistemas literarios, como si de dos "literaturas" se tratase. Para los estudiosos de la literatura, confinarse a solo una de ellas, ignorando la otra, al enfrentarse a tales casos, es naturalmente más "conveniente" que ocuparse de ambas». ¿A alguien le suenan estas palabras? No descartamos que el caso de España o el de Cataluña estuvieran entre los que el reconocido investigador de la cultura tuviera en mente al escribir estas líneas.

LITERATURA CATALANA

De acuerdo con un planteamiento tradicional (y convencional), la literatura catalana sería la literatura de Cataluña. Sin embargo, se trata de algo que resulta hoy difícil de concretar: ¿de Cataluña o de los Países Catalanes (denominación no oficial, evitada en la enseñanza y los medios de comunicación, y expresamente prohibida en Valencia por acuerdo entre Vox y el Partido Popular)? Está bien, digamos la literatura de los territorios en los que se habla catalán. Pero ¿la que se escribe en ellos? ¿Toda? ¿La que se publica? ¿Toda? No, solo la que se escribe en catalán en los territorios de habla catalana. ¿También la literatura traducida al catalán? Pero ¿por qué solo la escrita en los territorios de habla catalana? Recordemos que algunas de las mejores obras de la literatura catalana de la segunda mitad del siglo XX (las *Elegies de Bierville*, *Nabí*, buena parte de los cuentos de Pere Calders, las grandes novelas de Mercè Rodoreda, *Les formes de la vida catalana* de Ferrater Mora) se escribieron en el exilio, lejos de Cataluña...

La convención de la filología tradicional afirma que la literatura catalana es la que se escribe en catalán (y, por lo tanto, la que no se escribe en catalán no es literatura catalana). Según eso, la literatura catalana no puede ser la literatura (o toda la literatura) de los catalanes, como la literatura en castellano no puede ser toda la literatura española mientras haya en la Península quien escriba en otras lenguas (en asturiano, catalán, gallego o vasco, por ejemplo). Formulémoslo de otro modo: la literatura catalana no es (o no tiene por qué ser) la literatura «de los catalanes». Esto, que parece una obviedad, casi una tautología, permite de golpe que la literatura catalana se libere de la territorialidad y, junto con ella, debería liberarla también de la representación de una comunidad. Ha pasado ya con la literatura en inglés como producto o consecuencia de la expansión colonial (y, aunque menos, también en francés). Y, si nos fijamos, empezamos a tener datos en este sentido en el caso del catalán: además de escritores que adoptan el catalán como lengua de expresión literaria en el extranjero, hay «extranjeros» (el término es terriblemente incómodo y problemático: necesitamos otro) no nacidos en territorios de habla catalana como Xènia Dyakonova, Najat El Hachmi, Simona Škrabec o Matthew Tree (la lista es más larga: véase el capítulo 5) que eligen el catalán como instrumento de expresión literaria. Habrá que decidir si, para hablar de literatura catalana, queremos pensar en un sistema cerrado, una caja o compartimento estanco, aislado, o bien en un sistema con diversos compartimentos comunicados, un espacio abierto donde los elementos y las energías se mezclan y se alteran entre sí en una interacción constante.

LA BOMBA CULTURAL

Quinientos millones contra seis o siete, la aceleración del proceso de sustitución lingüística, la permanente batalla judicial, la nula solidaridad, la complicidad con los cantonalismos... Durante un tiempo pensé que sería interesante leer el sistema literario catalán a partir de parámetros poscoloniales, y en los últimos años encuentro una y otra vez ejemplos que remiten ya sin prefijos al colonialismo, o al imperialismo (como lo denomina, en la estela de Said, el escritor y activista kikuyu Ngũgĩ wa Thiong'o), según cómo queramos traducir unos términos ingleses hoy usados extensamente en el mundo académico. En *Descolonizar la mente*, Thiong'o escribe: «Los oprimidos y los explotados de la tierra mantienen su desafío: libertad frente al robo. Pero el arma más peligrosa que blande y, de hecho, utiliza cada día el imperialismo contra ese desafío colectivo es la bomba de la cultura. El efecto de una bomba cultural es aniquilar la creencia de un pueblo en sus nombres, en sus lenguas, en su entorno natural, en su tradición de lucha, en su unidad, en sus capacidades y, en último término, en sí mismos. Les hace ver su pasado como una tierra baldía carente de logros y les hace querer distanciarse de esta. Les hace querer identificarse con aquello que les resulta más lejano, por ejemplo con las lenguas de otros pueblos en lugar de las suyas propias. Les hace querer identificarse con aquello que es decadente y reaccionario, todas las fuerzas que ahogarían de buena gana las fuentes de su vida. Incluso plantea dudas profundas sobre la legitimidad moral de la lucha. Las posibilidades de victoria y de triunfo se ven como sueños remotos y ridículos. Los resultados que se buscan son la desesperación, el desencanto y un deseo de muerte colectivo. En medio de esta tierra baldía que ha creado, el imperialismo se presenta a sí mismo como la única cura y exige que los dependientes canten himnos de alabanza con un estribillo constante: "El robo es sagrado". De hecho, este estribillo resume el credo sagrado de la burguesía neocolonial en muchos Estados *independientes* africanos» (26). Ya sé que Cataluña o las tierras de habla catalana no están en África ni son ningún Estado independiente (también que España no es Uganda, usando palabras del presidente Rajoy en 2014), pero los paralelismos con algunas de las situaciones y dinámicas que hemos ido planteando dan que pensar. Cada vez que en España un suplemento periodístico supuestamente «abierto» o un político progresista bromean deslegitimando las otras lenguas de la Península (portugués incluido, en este caso) están activando la bomba cultural, sean conscientes de ello o no. Y las bombas son difíciles de desactivar. Preguntemos a los gallegos, los vascos, los asturianos, los mallorquines, los alicantinos, los norcatalanes si, releyendo la cita de Thiong'o, no perciben ningún eco de su propia experiencia. De todos modos, lo que más nos interesa aquí y ahora es el principal efecto señalado de la bomba cultural: la aniquilación de la creencia. De hecho, el último siglo y medio de la literatura y la cultura catalanas (y gallegas, y vascas) podría verse a la luz de la oscilación entre recuperar y perder esa creencia (que en algún caso acabó convertida, admitámoslo, en fe mágica). Ahora bien, aunque cuando leemos la palabra *bomba* tendemos a activar de entrada el imaginario bélico, hay que decir que la bomba hidráulica o la de gas mueven líquidos o gases y superan las diferencias de presión al añadir trabajo a un sistema, y que la bomba de calor es un instrumento que capta la energía en un espacio o entorno y sabe transferirla a otro. Si sustituimos *aniquilaciones* por *energía* e *intercambio* por *trabajo*, quizás podamos dar un primer paso para superar los binarismos y automatismos de colonizados y colonizadores. En un mundo no sé si ideal, pero sí un punto más abstracto (como el de la ciencia), quizás sería el momento de pensar en cómo usar la bomba cultural en favor de quienes pierden creencia, los periféricos, los otros.

IDENTIDAD Y MULTILINGÜISMO

Por otra parte, es preciso destacar los importantes cambios en curso en todo lo relativo a las cuestiones de identidad (literaria de un territorio, nacional de los autores, de género): la identidad es cada vez menos territorial y menos estable, menos espacial y menos para siempre. Podemos poner en cuestión sin demasiados problemas que sea estable y que sea única, dos características centrales en el discurso acerca de literaturas nacionales sobre el que erigían sus fundamentos las filologías tradicionales, la catalana entre ellas. A ello habría que añadir además el ya mencionado aumento significativo de la movilidad en el mundo contemporáneo (del «movimiento entre un lugar de origen y un lugar de vida», en feliz expresión de Maria Barbal, la autora de *Carrer Bolívia*). No se trata de nada nuevo, ni en Cataluña ni en el mundo, pero sí lo es, como se ha señalado, el aumento exponencial de la frecuencia y el alcance de los tránsitos: nuestro mundo es cada vez más un mundo de desplazamientos (físicos y virtuales), y son desplazamientos más rápidos, más fáciles, más baratos, menos definitivos, con todo lo que ello comporta para las autoidentificaciones. En semejante contexto de alta movilidad (y, claro está, de más mutabilidad) no podemos dejar de señalar también el auge del plurilingüismo. Plurilingüismo de los individuos y plurilingüismo de los países, en un momento determinado y en diacronía. Plurilingüismo o sencillamente tránsito entre lenguas, un tránsito que, según advierte Rosi Braidotti, puede ser tanto personal como comunitario, literal o figurado, puntual (para un viaje, una estancia, un proyecto laboral) o definitivo... En este sentido, Rossich y Cornellà han reivindicado el pasado literario en hebreo, árabe, latín, occitano y castellano, además del catalán, de la literatura escrita en Cataluña, y no es difícil, si dirigimos la mirada al pasado (y, como veremos, también al presente), darse cuenta del gran número de autores de habla catalana, con Ramon Llull a la cabeza, que han escrito en dos o más lenguas. No hablamos de autores en una u otra caja, sino en más de una caja al mismo tiempo: Xavier

Queipo argumenta que escribir en varias lenguas (como tantos autores hacen hoy) comporta un incremento de la entropía, y subraya que la entropía o desorden en un sistema favorece los cambios. Por otro lado, el plurilingüismo o multilingüismo está también cada día más presente a nuestro alrededor, en establecimientos, medios de comunicación, documentos, internet y en los fundamentos mismos de la Unión Europea, planteada como «los Estados Unidos de Europa» con (de momento) veinticuatro lenguas oficiales (el catalán sigue haciendo cola) y donde la verdadera lengua común quizás sea, como sugirió Umberto Eco, la traducción. Volviendo a la cultura catalana, el portal País de Paraula, que lleva como subtítulo «Las lenguas de los catalanes en la tierra del catalán», señala que Cataluña no es un país bilingüe, como muchos (sobre todo, monolingües) tienden a repetir, sino un lugar donde actualmente se hablan 280 lenguas y donde más del 10 % de la población no tiene el catalán ni el castellano como primera lengua. ¿Cuál es o será la literatura o las literaturas de esos 800.000 ciudadanos de Cataluña?

4. Apuntes sobre la literatura catalana como polisistema

Se han cumplido ya más de treinta años de la publicación, en 1993, de *Cultura e imperialismo* de Edward W. Said, un palestino escolarizado en Egipto y con pasaporte estadounidense. El libro pulía y ampliaba la lección de su *Orientalismo* (1978) al tiempo que subrayaba hasta qué punto el «poder para narrar, o para impedir que otros relatos se formen y emerjan, es muy importante para la cultura y para el imperialismo, y constituye uno de los principales vínculos entre ambos» (13); en él, Said señalaba la cultura como fuente (a veces beligerante) de identidad y –siguiendo a Matthew Arnold– como archivo de lo mejor que cada sociedad ha conocido y pensado. También como un campo de batalla en el que las causas se exponen a la luz del día y contienden entre ellas. Quisiera, a continuación, mencionar y relacionar entre sí un conjunto de hechos y dinámicas vinculados con la literatura leída en clave social; unos hechos y dinámicas de la literatura incardinados en la cultura catalana que, a mi parecer, reclaman o agradecerían nuevos enfoques y una mirada actualizada (más amplia, más articulada, quizás también más problemática) que aporte claves interpretativas, etiquetas e instrumentos inéditos para un escenario donde coexisten, por un lado, ciertas constantes históricas o endémicas y, por otro, situaciones y paradojas (de ahí la cita inicial de Feynman) para las cuales las viejas recetas y los antiguos manuales de instrucciones son a todas luces cada vez menos útiles. La literatura catalana vista como sistema (cada una de las literaturas del mundo actual) no es otra cosa que una pieza en un sistema de sistemas, un polisistema. Y que sea un polisistema supone que vive y evoluciona en relación permanente con otras literaturas (en nuestro caso, como ya he dicho, y sintetizándolo mucho, la literatura en castellano y la literatura «mundial», que se produce y distribuye sobre todo en inglés). Eso supone también que cualquier análisis *ex nihilo*, como si fuera una entidad aislada e independiente, servirá para poco más que para reproducir y confirmar los presupuestos de partida de quien plantea el análisis.

SISTEMA Y POLISISTEMA

Tal como ya he mencionado en el apartado anterior, utilizaremos la palabra *polisistema* para referirnos a la literatura catalana (o al sistema literario catalán) teniendo en mente que hablamos de un conjunto de elementos relacionados entre sí que forman parte, al mismo tiempo, de otros sistemas con los cuales no pueden no estar en relación. No deberíamos analizar la literatura catalana metida en una caja (en realidad, se hace a menudo, pero ese sería otro tema), aislada en un sistema cerrado en el cual no entra ni sale energía nueva. Los otros sistemas con los cuales hay una relación y un intercambio permanentes pueden ser, en nuestro caso, la cultura catalana, la literatura occidental, las literaturas de España o Europa o también el mundo editorial de Barcelona, según la perspectiva o el debate en cada caso. Es importante comprender este punto de vista. También el hecho de que, cuando hablamos de la lengua catalana, estamos usando un juego de mapas diferente del político o administrativo, no siempre coincidente con ellos: para un escritor catalán en catalán (bienvenidos a la retórica reiterativa), Joan-Lluís Lluís, ciudadano francés, o Mercè Ibarz, nacida en Aragón, son compañeros de equipo, forman parte del mismo espacio, del mismo polisistema. Como lo fueron (y lo son) obviamente Ramon Llull (mallorquín hijo de catalanes) o el noble Ausiàs March, nacido en Gandía en el siglo XV. Hechos tales, y el retoque que suponen de las perspectivas, añaden complejidad y riqueza, matices e internacionalidad (también intencionalidad), a la realidad literaria catalana y española, por más que algunos se esfuercen en no querer verlos o en desdeñarlos.

Por otra parte, si no se estudian en su integridad, una literatura o un polisistema literario no se estudian (no se piensan o no se miran) bien. Y en su integridad quiere decir, como ya hemos visto, teniendo en cuenta todos los libros (de todas las calidades y categorías, todos los distribuidos y todos los que se venden), todos los autores (también los inéditos o anónimos, también los «negros»), todo lo que se escribe (que es diferente de lo publicado), todo lo que se lee, el ámbito esencial de las traducciones, la prescripción, el uso en clave pública o política de lo literario... Si nos falta un nombre específico para eso, busquémoslo.

UN PAÍS PREOCUPADO POR LA LITERATURA

Podemos afirmar que Cataluña es un país retóricamente preocupado por su literatura. Y subrayo lo de *retóricamente* porque, en realidad, hace años que la literatura catalana ha ido desapareciendo del currículum educativo (que depende en buena parte de la Generalitat de Catalunya), con la reducción de las horas de docencia de lengua y literatura en el bachillerato, como denuncia el Col·lectiu Pere Quart en defensa de la literatura catalana en las aulas,[3] responsable del manifiesto *SOS. Literatura a l'ensenyament* lanzado en 2016. Sobre la mesa está también el caso del máster de profesorado de catalán para secundaria; en él, el Departamento de Educación y los responsables de Universidades e Investigación de la Generalitat han permitido durante años que alguien que no haya cursado nunca una asignatura de Lengua ni de Literatura Catalanas en la universidad pueda hacer el máster (donde no se imparten contenido específicos de catalán) y, si lo aprueba, esté capacitado para ejercer como profesor de catalán en la enseñanza pública secundaria, de tal modo que se acaba cubriendo la falta de profesorado de catalán con graduados como mínimo poco competentes. Y tenemos el dato grave, según el informe PISA, de la pérdida en una década (de 2012 a 2022) de un curso en matemáticas (24 puntos), casi dos en comprensión lectora (38) y casi uno en ciencias (15): como dijo alguien, los últimos resultados de PISA en España son malos, pero en Cataluña son catastróficos. Todo ello con competencia exclusiva en materia de enseñanza no universitaria y en manos de autoridades políticas que se llaman nacionalistas o incluso independentistas y que no han dejado de hablar durante años de construir un país nuevo y crear infraestructuras de Estado mientras reducían hasta la indigencia o la insignificancia los presupuestos de las principales instituciones públicas relacionadas con la lengua y la literatura, como el Institut d'Estudis Catalans, el Institut Ramon Llull, la Institució de les Lletres Catalanes (ILC), la Biblioteca de Catalunya o el Consorci per a la Normalització Lingüística (ente público creado en 1989 y que aglutina diversas administraciones).

ALGUNOS RASGOS ENDÉMICOS

La literatura catalana tiene más de ochocientos años de historia, pero la filología catalana planteada como disciplina académica y como campo cultural o subsistema universitario y literario apenas supera el medio siglo (Rubió, Alcover o Fabra no eran sistema universitario, aunque eran ya obviamente filología catalana). Ya Bourdieu advirtió de que la dinámica de funcionamiento de un campo cultural contiene en sí misma la historia del campo: apliquémoslo brevemente a la filología (o al estudio de la literatura) catalana como disciplina, sin perder de vista que esa «historia» supone la historicidad (la posible mutabilidad) de la correspondiente disciplina. La primera cátedra universitaria oficial de Literatura Catalana no se crea hasta 1965, en la entonces Universidad de Barcelona. No olvidemos que el catalán no entró en la universidad hasta

1931, con la Segunda República, vía una primera lección de un curso impartido por Pompeu
Fabra, también en la Universidad de Barcelona, y a continuación, al año siguiente, con la
aprobación por orden ministerial de la primera cátedra de Lengua Catalana en esa histórica universidad, una cátedra que ganó Fabra
(Malé, 2003). Señalemos que la cultura y la
lengua propias de Cataluña también queda-
ban fuera de los programas de bachillerato,
por lo cual la Federació Nacional d'Estudiants
de Catalunya (FNEC) reclamaría desde su fundación en 1932 la creación de cátedras de Lengua y Literatura Catalanas para las enseñanzas
medias. En el curso 1932-1933, la Universidad
de Barcelona incorporó asignaturas de Literatura Catalana impartidas por Jordi Rubió Ba-
laguer, hijo del catedrático Antoni Rubió Lluch
y nieto de Joaquim Rubió i Ors,[4] y por Manuel
de Montoliu. En 1932: las crónicas de los reyes
o el *Llibre d'Amic e Amat* son del siglo XIII.
Todo eso, por otra parte, pronto se vio trunca-
do, como sabemos, por la Guerra Civil. En la
posguerra, la enseñanza universitaria de literatura catalana solo se imparte indirectamen-
te, vía la filología española o románica, o en los
semiclandestinos Estudis Universitaris Cata-

lans, hasta la creación en 1965 de la mencionada cátedra de Lengua y Literatura Catalanas,
obtenida por Antoni Comas. Dos años más tarde, en 1967, se constituiría en la Universidad de
Barcelona el Departamento de Filología Catalana, y en 1971 se añadió, en la joven Universidad Autónoma de Barcelona (inaugurada
en 1968), una segunda cátedra, que ganó el crítico Joaquim Molas, licenciado en Románicas,
que se había doctorado en Barcelona en 1958
y que después había llevado a cabo una estancia
de dos años como lector en Liverpool. Por su
parte, la primera cátedra en la Universitat de
València (de Lingüística Valenciana, en ese
caso) no llegó hasta 1976: la ocupó Manuel
Sanchis Guarner. El Departamento de Filología Catalana en esa universidad se fundó en
1986. En la Universitat de les Illes Balears,
creada en 1978, se creó en el curso 1983-1984
la especialidad de Filología Catalana, en el Departamento de Filología Catalana y Lingüística General. Las cátedras de Lengua y Literatura Catalanas en la enseñanza media reclamadas
por la FNEC antes de la guerra tuvieron que
esperar, por su parte, hasta 1979. En ese des-
pliegue tardío como disciplina académica
acompañarán a la filología catalana la funda-

ción en 1961 de Edicions 62, un sello fundamental, y de la entidad Òmnium Cultural (al
año siguiente, la de la Obra Cultural Balear); el
inicio de la publicación (en 1964) de los primeros volúmenes de la *Història de la literatura
catalana* a cargo de Martí de Riquer, Antoni
Comas i Joaquim Molas; la puesta en marcha
de la Associació Internacional de Llengua i Literatura Catalanes con el primero de sus colo-
quios internacionales trienales, celebrado en
Estrasburgo en 1968; la primera concesión
(por parte de Òmnium) del Premi d'Honor de
les Lletres Catalanes en 1969...

Algunos de esos nombres e iniciativas iniciales pueden sonar hoy periclitados (aunque
estaría bien no olvidar que la Generalitat de
Catalunya no contó con Departamento de Cultura propio hasta 1980); al mismo tiempo, algunas cuestiones perviven con una vitalidad
sorprendente. Como sabemos, en ecología se
denomina *endémico* el fenómeno que se da
exclusivamente en una región determinada.
Planteemos, por más que sumariamente, algunas de esas cuestiones, que podríamos llamar
regionales o *locales*, en relación con la literatura y la cultura catalanas. Al hablar de la cultura
literaria o del sistema literario catalanes (y ob-

sérvese que ahora ya no puedo limitarme a hablar de libros en catalán, pese a que los hechos que menciono afecten de modo diferente a la literatura en catalán) hacemos referencia a:

Una potencia editorial

Barcelona comparte desde hace décadas la capitalidad editorial mundial en lengua castellana con Ciudad de México y Madrid, y es sin duda la capital de la edición en catalán. Según el informe anual del Consell Nacional de la Cultura i de les Arts (CoNCA), en 2023 había en Cataluña 668 editoriales en activo (la Federación de Gremios de Editores de España da para el mismo año 885 empresas editoriales asociadas), que editaron 40.000 títulos (y más de 111 millones de ejemplares; datos de 2022). El sector ofrece empleo a 4.702 trabajadores directos (y unos 18.000 colaboradores, según *Comercio interior del libro en España 2023*) y las editoriales catalanas facturan por encima de los 1.500 millones de euros anuales (en Cataluña, 599,95 millones de euros; en catalán, 278 millones de euros), más del 54 % de la facturación total española en 2023. Además, en 2021, el 52 % de las editoriales españolas estaban ubicadas en Cataluña, y el 68 % de la literatura infantil y juvenil y el 70 % del cómic de toda España se produjo en Cataluña.[5] El país y el sector tienen, pues, una importancia industrial indiscutible, y quizás eso sirva para explicar otro dato sorprendente: les cifras de títulos publicados en catalán. Si en 1960 se publicaron en catalán 183 títulos y en 1962 la cifra subió ya a 548, durante el pujolismo se llegó a los 5.000 o 6.000 títulos por año, lo cual exhibieron de manera sistemática el presidente Pujol y los responsables de Cultura de sus diferentes gobiernos como una señal de fortaleza o buena salud de la lengua catalana y del país. Lo significativo es que la cifra ha continuado creciendo y, según datos institucionales,[6] en 2010 el número de títulos fue de 9.534, en 2015 de 8.574 y en 2022 de 8.699 (el 14 % del total de títulos editados en España), guarismos superiores al número de libros publicados anualmente en países «normales» más o menos comparables con Cataluña como Grecia, que publica 7.000 títulos al año, Suecia, que publica 4.000, o Letonia, 2.000. Ahora bien, esta alta producción editorial va de la mano de un índice de lectura modesto (del 68 % en 2022), algo más elevado que el del resto de España, y por fin similar en los últimos años a la media de la Unión Europea. Todo ello sin perder de vista que solo el 23 % de los libros vendidos en Cataluña están en catalán (cosa que no ha parecido importar nunca a ningún Gobierno del Estado): según el estudio *Hàbits de lectura i compra de llibres a Catalunya 2023,* elaborado por el Institut Català de les Empreses Culturals (ICEC), el 32,5 % de la población lectora lee habitualmente en catalán, el 65,5 % en castellano y el 2 % en otro idioma. El porcentaje del catalán como idioma habitual de lectura se mantiene más o menos estable desde 2019 (en 2016 era del 26,4 %), pero no sube de ese tercio aproximado de la población (aunque es del 55,7 % en el segmento de diez a trece años). Entre quienes han leído su último libro en castellano, a la pregunta de por qué no lo han leído en catalán, solo el 12,4 % responde que no entiende el catalán, el 33,4 % dice que le resulta más fácil leer en castellano, el 26,1 % que no tiene ninguna preferencia, el 21,4 % que no fue una elección propia y el 20,3 % que no estaba publicado en catalán. Por último, hay otro fenómeno interesante y todavía poco estudiado: el de los lectores (a veces, miles) de las versiones en catalán de libros escritos originalmente en castellano (de Fernando Aramburu, Matilde Asensi o Carlos Ruiz Zafón, por ejemplo).

El peso del sector se nota también en el elevado número de miembros del Gremio de Editores de Cataluña: en 2020 lo constituían 240 empresas, que representaban 370 sellos editoriales. La Associació d'Editors en Llengua Catalana, por su parte (con entidades no solo catalanas), agrupa en 2024 a 108 editoriales. Una de las editoriales más recientes, financiada con una campaña de *crowdfunding*, es Jande, que quiere ser un espacio de calidad para las voces racializadas y migrantes: la promueve Aissata M'ballo, que ha nacido en Lérida, crecido en Vic y se define como catalana senegalesa (y estudió en el máster de edición que mencionaremos más adelante).

Muchos escritores y muchos premios

Continuando con las cifras que ayudan a dimensionar el sistema literario catalán, el repertorio *Qui és qui a les lletres catalanes* (publicado en forma de libro en 1991 por la ILC, y convertido después en base de datos *online*) acoge (acogía, hasta que dejó de ser accesible en 2018) más de 2.000 nombres de escritores vivos que han publicado dos o más libros en catalán. El estudio *Escriure en català 2023*, llevado a cabo por la Associació d'Escriptors en Llengua Catalana entre sus 1.713 socios, indica que dos de cada diez socios se dedican de modo exclusivo a la escritura (en 2014 ese porcentaje era del 15 %), aunque cabe aclarar que el estudio suma literatura y traducción: la cifra de autores dedicados profesionalmente a la literatura tiene que ser muy inferior. En todo caso, el flujo de nuevas voces, autores y autoras nuevos que publican en catalán (y no hablamos solo de jóvenes) no se detiene. En el mundo de la digitalización y la globalización, escribir y publicar un libro (y hacerlo en catalán) sigue siendo un hecho atractivo.

Resulta curioso comparar esas cifras con el dato aportado por el único estudio cuantitativo realizado hasta la fecha sobre los premios literarios (una dinámica de apoyo a la literatura y los escritores clave en la posguerra, sobre todo a partir de finales de la década de 1950 y principios de la siguiente, y luego no alterada): en 2001, el estudio contabilizó 1.249 certámenes (de tipo muy diverso, por supuesto) sumando los convocados anualmente en Cataluña y en catalán fuera del Principado.

Una cultura y un país hiperliteraturizados

Algún día alguien debería contar el elevado número de servidores públicos catalanes de cierto nivel que son filólogos (y no hablamos solo de filología catalana). También se podría hacer una lista de la gran presencia de referentes literarios en la vida pública (en los nombres de calles y plazas, de monumentos o equipamientos públicos) y considerar la estima institucional, desde principios de la década de 1990, por los centenarios de escritores, así como intentar interpretar (y tomar buena nota de ello) el hecho de que Sant Jordi sea una de las principales celebraciones comerciales del año, sin duda la mayor desde el punto de vista cultural, monopolizadora, además, de la atención de los medios durante días. El presidente de la Generalitat Carles Puigdemont lo sintetizó en abril de 2017 en unas declaraciones realizadas en la Feria del Libro Infantil y Juvenil de Bolonia (donde la literatura catalana era invitada de honor): «La cultura es nuestro petróleo».

Gobernantes enamorados de las conmemoraciones

Algunos lo llaman *conmemoracionismo, celebracionismo* o *centenarismo* (nos falta una palabra consolidada para el uso corriente). Leerssen y Rigney emplean los términos *bardolatría* y *fiebre centenaria* para referirse a la ya mencionada oleada de conmemoraciones literarias que recorrió Europa occidental en el siglo XIX. Cataluña lleva, en este sentido, algo de retraso, o bien las instituciones han encontrado en el asunto una buena justificación (o las dos cosas a la vez) y el país ha integrado la lógica «reivindicación-celebración-reconocimiento» con una retórica en la cual los escritores (más que los científicos, los músicos o los juristas) reciben el reconocimiento público que se supone que se les debe. Even-Zohar explica que otorgar un papel central a la literatura y, por ende, a los escritores no corresponde tanto a un momento histórico determinado como, en general, a sociedades o culturas emergentes. Antes de la guerra civil, Cataluña participó de manera activa en las conmemoraciones del tercer centenario de la publicación del *Quijote*, en 1905, y del tercer centenario de la muerte de Cervantes en 1916; del sexto centenario de la muerte de Dante, en 1921, y las del primer centenario de la muerte de Goethe en 1932, con motivo del cual Generalitat republicana publicó *Goethe (1832-1932). Antologia que la Generalitat dedica a les escoles de Catalunya*. Tras el paréntesis de la posguerra y la dictadura, desde mediados de la década de 1980, en Cataluña se celebran (primero espaciados entre sí, luego de manera ininterrumpida) «años» dedicados a grandes escritores y artistas, coordinados habitualmente por el Departamento de Cultura de la Generalitat: hemos tenido Año Tirant en 1990, Año Riba en 1993 (también se celebró entonces el Año Miró), Año Pla en 1997, Año Verdaguer en 2002 (fecha compartida con el Año Gaudí), Año Rodoreda en 2008, Año Maragall en 2010-2011, Año Espriu en 2013, Año Vinyoli en 2014... Además de casos más bien curiosos como la celebración conjunta en 2012 (a cargo, en esa ocasión, de la Generalitat y el Ayuntamiento de Barcelona) de un año Sales, Calders y Tísner sin lógica común conocida, tres por uno; o el desenfreno absoluto de 2018 (sin presupuesto asignado, en la mayoría de los casos), cuando Cultura aprobó los años Josep Palau i Fabre,

Montserrat Abelló, Aureli Capmany, Maria Aurèlia Capmany, Manuel de Pedrolo, Raimon Panikkar y Josep Romeu, cada uno con su logo y su comisario o comisaria (junto con el Año Fabra promovido por la Generalitat con motivo del sesquicentenario del nacimiento del gramático, el Año Josep M. Llompart aprobado en Baleares y otras conmemoraciones regionales o locales). Comparemos las listas de antes y después de la guerra. Y tengamos en cuenta que las celebraciones públicas hablan tanto de lo que se celebra (de lo que se ha sido o se ha conseguido) como de lo que se querría ser, lo que todavía no se tiene: cada centenario, cada efeméride institucional, deja registrados en negativo los sueños y las fantasías de la comunidad nacional o cultural en cuestión. Y subraya, por supuesto, el peso del pasado, pero en clave de futuro posible imaginado.

No hablamos de hechos banales: desde septiembre de 2011, el Gobierno de la Generalitat de Cataluña cuenta con una Comisión de Conmemoraciones colegiada como órgano asesor de la Administración en la materia. Y, en 2013, el presupuesto público del Año Espriu fue de entre un millón y un millón y medio de euros (aquel mismo año, el centenario del nacimiento de Dylan Thomas dispuso en el Reino Unido de un presupuesto de 750.000 libras esterlinas). Aunque vale la pena señalar que al año siguiente, en 2014, la celebración institucional dedicada a Joan Vinyoli no dispuso, en el momento de ponerse en marcha, de ninguna partida específica (aquel año la Generalitat celebraba el tricentenario de 1714).

Una retórica literaria de honor y servicio

A finales de la década de 1980, el crítico y editor Oriol Izquierdo[7] señaló el riesgo de que, como ocurre con los eucaliptus, el esplendor de los premios literarios acabara desertizando el suelo, la tierra de la literatura catalana. Hoy quizás tendríamos que preocuparnos de los efectos combinados del mencionado celebracionismo desbocado, unos presupuestos públicos de cultura menguantes, lejos aún en el escenario catalán del 2 % históricamente reivindicado por quienes después han ido ocupando cargos en diferentes gobiernos (en 2024 se iba a llegar al 1,7 %, pero los presupuestos no se aprobaron), y, envenenándolo todo, el nacionalismo retórico que recurre una y otra vez a los escritores y la literatura como moneda de cambio y como fábrica de moneda (o materia prima). Tuvimos uno de los mejores ejemplos de todo esto en la ceremonia de lanzamiento del Año Espriu, en enero de 2013, en el Palau de la Música Catalana, con Artur Mas, presidente de la Generalitat, hablando tras un atril en el que podía leerse el lema «Ens mantindrem fidels per sempre més al servei d'aquest poble» (Nos mantendremos fieles para siempre al servicio de este pueblo): aquel día y a lo largo de aquel año se convirtió al poeta en oráculo, a un iberista en independentista, a un independiente en voz orgánica, como si Espriu pasara sin solución de continuidad de poeta nacional a santo cultural a quien encomendar el nacimiento de un nuevo Estado europeo. Dejando de lado la anécdota, subrayemos los conceptos asociados una y otra vez a la literatura institucionalmente conmemorada: lengua, pasado, fieles, siempre, servicio, pueblo, reconocimiento, premiar, honor, salvar, perseverar, identidad. Sin duda, no es casual que el máximo galardón otorgado por Òmnium Cultural (y considerado uno de los principales reconocimientos públicos del sector) se llame Premi d'Honor de les Lletres Catalanes y que, precisamente por la supuesta falta de dicho honor, se le negara a Josep Pla y es probable que a otros posibles candidatos. O que la filología catalana tenga los problemas que tiene para leer y valorar a autores como Eugeni d'Ors, «pasado» al castellano y más tarde al falangismo; a Martí de Riquer, requeté voluntario; a Joan Estelrich, representante de España en la UNESCO en la década de 1950; a Salvador Dalí, elogiador de Franco; a Valentí Puig, conservador antinacionalista, y a otros.

Convivencia con acento o sin él

Cataluña tiene, de acuerdo con su estatuto de autonomía, tres lenguas oficiales: catalán (definida, además, como «propia»), castellano y occitano. En la escuela se enseñan catalán, castellano y una tercera lengua (inglés o, a mucha distancia, francés, alemán o italiano), y occitano en el valle de Arán. En las librerías se encuentran sobre todo libros en castellano y catalán (con alguna excepción, donde solo los tienen en catalán o en inglés; en bastante sitios, la mayoría está en castellano). Hay dos asociaciones de escritores en catalán y una con autores en castellano y catalán: en general, las dos comunidades literarias conviven bien pero se mezclan poco, con la sensación de que (tal como lo formuló Màrius Serra) mientras que el equipo A lee A y B, el equipo B solo suele leer B. Como hemos indicado más arriba, de cada 100 libros vendidos en las librerías catalanas, solo 25 están en catalán (a principios de siglo eran 30; el día de Sant Jordi son 50). Y, según las encuestas, el 94,4 % de la población de quince o más años entiende el catalán, el 85,5 % lo lee, el 81,2 % lo habla y el 65,3 % lo escribe.[8] No hay encuestas sobre el castellano, porque se supone que lo entiende y lo habla el 100 % de la población. En 2024 la Direcció General de Política Lingüística se convirtió en Departament del Gobierno de la Generalitat: como en otros territorios multilingües, la lengua es (las lenguas son) un asunto público, con un alto valor simbólico y político y algunas derivadas curiosas: los monolingües (castellanohablantes; no quedan monolingües catalanohablantes) afirman defender el bilingüismo y están preocupados (sin aportar datos) por la desaparición del castellano, y los bilingües son acusados de provincianos cuando defienden y quieren promover el catalán.

El artículo 3.3 de la Constitución española de 1978 afirma: «La riqueza de las distintas modalidades lingüísticas de España es un patrimonio cultural que será objeto de especial respeto y protección». Un poco más arriba, el artículo 3.1 también dice que todos los españoles tienen el deber de conocer el castellano, «lengua oficial del Estado». Vista desde la periferia catalana (periferia entendida en términos peninsulares), la actualidad presenta una semana tras otra hechos difíciles de comprender a la luz del artículo 3.3. Me refiero a la imposibilidad de aprender catalán en la enseñanza primaria o secundaria en España fuera de los territorios de habla catalana; a la invisibilidad casi absoluta, medio siglo después del final de la dictadura, de las otras lenguas de España en el sistema educativo y los medios de comunicación estatales públicos y privados, una invisibilidad paralela a la de los libros escritos en catalán, gallego o euskera (por no hablar del asturiano o el aragonés) en los medios de comunicación y los suplementos literarios o culturales españoles; o a hechos como las denuncias de sindicatos fantasmagóricos contra libros de texto catalanes (por desviaciones como presentar «a la ciudad de Barcelona como capital de Cataluña, como si fuera la capital de un Estado, no como una ciudad de un Estado que tiene otra ciudad que sí es su capital», según el informe que Ciudadanos y Sociedad Civil Catalana utilizaron en 2017 para exigir que el Estado recuperara la supervisión previa de los libros de texto escolares suprimida en 2002); como la aprobación por parte de las Cortes aragonesas, en 2013, de la existencia de la «lengua aragonesa propia del área oriental» (LAPAO); como la intervención de la embajada española en los Países Bajos en julio de 2015 para impedir la presentación en Utrecht de la novela *Victus* de Albert Sánchez Piñol (escrita en castellano) sobre la guerra de 1714; como las ya habituales denuncias a ciudadanos por dirigirse en catalán a la policía en aeropuertos y fronteras; o como la distancia radical, si hablamos por ejemplo de promoción exterior de la literatura, entre los presupuestos del Instituto Cervantes (174 millones de euros en 2021 más los ingresos de cursos y ventas, y eso dejando de lado los 25 millones de Acción Cultural Española) y del Institut Ramon Llull (10 millones), una proporción de uno a veinte, a lo cual se suma la negativa del Cervantes a involucrarse en una política de promoción internacional del plurilingüismo peninsular, pese a las bienintencionadas declaraciones generalistas de alguno de sus directores... Son solo ejemplos. Señalemos, en cualquier caso, que según los últimos estudios en España el 40,8 % de la población lee habitualmente en dos o más lenguas. Y subrayemos que en el polisistema literario catalán hay un intenso juego de hegemonías y subordinaciones que van y vienen (de la ley a la escuela, de las distribuidoras al respaldo institucional, de los medios de comunicación a la universidad) entre libros, autores, editores y críticos y académicos en catalán y castellano.

FENÓMENOS MÁS RECIENTES

Junto a esos siete rasgos endémicos descritos, dejemos constancia también de una serie de novedades, de fenómenos más recientes en el sistema (también endémicos) que habría que añadir y combinar con los anteriores.

En 2022, el Sistema de Lectura Pública de Cataluña contaba con 428 bibliotecas y 12 bibliobuses: el 95,5 % de la población tiene un servicio bibliotecario público en su municipio. Hay 3,5 millones de usuarios con carnet (como decía años atrás una campaña de promoción: es el club más grande de Cataluña). Según el estudio *Hàbits de lectura i compra de llibres a Catalunya 2023*, el 43,7 % de la población es socio de alguna biblioteca, el 38,3 % la ha utilizado alguna vez en el último año (muy por encima del 26,2 % en el resto de España) y el 17,5 % acude a ella al menos una vez por semana. Y, de manera bastante sistemática, las bibliotecas aparecen a la cabeza del ranking de servicios públicos mejor valorados.

Dicho esto, hay que añadir que Cataluña se encuentra en la cola de España en bibliotecas escolares. Según un estudio reciente[9] y los datos del Ministerio de Educación, Cataluña es una de las comunidades autónomas donde más empeoraron los indicadores de ese ámbito en el quinquenio 2015-2020 (en el resto de España se pasa del 86,9 % al 81,8 % de escuelas con biblioteca escolar; en Cataluña se pasa del

78,1 % al 56,8 %, con una pérdida del 21 %). El 43,2 % de las escuelas catalanas declara no tener biblioteca escolar activa, pese a que la ley (catalana) obliga a ello; y Cataluña es (junto con las Baleares) la comunidad autónoma con menos bibliotecas escolares de España. Una de cal y otra de arena.

Apertura y cierre de librerías

Pese a la sensación de que hay por todas partes un goteo de cierre de librerías históricas, los datos del Gremi de Llibreters de Catalunya (heredero de una cofradía fundada en Barcelona en enero de 1553) indican que en 2024 hay en Cataluña unas 460 librerías (de las cuales, 324 agremiadas), con un incremento del 30 % con respecto a 2008. De modo que los cierres (probablemente relacionados con la falta de relevo generacional en establecimientos abiertos en la Transición y con la doble crisis económica de 2009-2018 y de la covid) están compensados por la apertura de nuevos negocios, a menudo modestos, muchos de los cuales parten de la fórmula del activismo lector, con presentaciones, clubs de lectura o cursos diversos como parte del funcionamiento habitual de las librerías.

Clubs, festivales y casas de escritores

Aunque los planes de lectura institucionales han sido uno de los grandes fiascos del inicio del siglo (en los sucesivos gobiernos cada nuevo consejero o consejera de Cultura ha propuesto el suyo, del cual no se volvió a saber nada tras la foto oficial), el fenómeno (popular y autogestionado) de los clubs de lectura es una de las mejores noticias recientes en relación con la literatura. Sabemos que la lectura tiene un componente femenino importante (las mujeres que dedican su tiempo libre a la lectura superan a los hombres en todos los tramos de edad, según el *Barómetro de hábitos de lectura y compra de libros en España 2023*), pero en la actualidad hay clubs de lectura en bibliotecas, centros cívicos, librerías y asociaciones repartidos por todo el territorio con y sin perfiles específicos de lectores, especializados y no especializados, con y sin moderadores profesionales. El fenómeno, que es transnacional, no ha tenido aún el estudio detallado que merece (¿qué se lee en ellos?, ¿quién participa?, ¿de cuántas personas hablamos?, ¿con qué distribución geográfica?, ¿con qué intenciones?, ¿con qué resultados?, ¿con qué ventas?). Junto al auge de los clubs de lectura, dos fenómenos más también relacionados con la literatura mantienen un crecimiento sostenido a lo largo de las últimas décadas y piden un estudio en detalle para comprender en qué sentido inciden en el funcionamiento del sistema literario (o quizás son su consecuencia): me refiero a los festivales literarios (hay en la actualidad decenas de ellos por todo el territorio, de Besalú a Maó, de Alella a Móra d'Ebre, de Oliva a Folgueroles) y a la creación de casas, fundaciones y centros de estudios dedicados a escritores, aglutinados desde 2005 en la entidad privada Espais Escrits, responsable del Mapa Literari Català (<https://www.mapaliterari.cat>).

Oficios que se enseñan

Las buenas noticias y la continuidad en el ámbito de la edición y las librerías no son sin duda ajenas al hecho de que, en Barcelona, la Universitat Pompeu Fabra ofrece desde hace más de veinticinco años un máster de edición acreditado por el sector y prestigiado por el alto reconocimiento internacional, del que han salido más de 800 profesionales repartidos por todos los lugares. Y de que la Escola de

Llibreria del Gremi de Llibreters de Catalunya y la Universitat de Barcelona ha sido también un actor esencial para la formación en el oficio y la apertura de buena parte de los nuevos establecimientos comentados.

Por otra parte, en Barcelona está la segunda escuela de escritura más grande de Europa (la del Ateneu Barcelonès), con más de un millar de estudiantes; por ella han pasado, desde su fundación en 1998, más de 30.000 alumnos, con un significativo número de libros y autores publicados, y con una incidencia en el sistema, por lo tanto, que algún día habrá que empezar a estudiar y valorar. Los cursos (un centenar al año) se imparten en catalán y castellano. Además de esta escuela, hay en la ciudad media docena de otras más pequeñas, y también hay en Gerona, así como, en un formato de aula o taller, en un buen número de bibliotecas y librerías de Cataluña.

Cada año, un punto y aparte: Sant Jordi

Como es sabido, en 1995 la UNESCO declaró el 23 de abril Día Mundial del Libro y del Derecho de Autor. En 2017, los gremios de libreros, editores y floristas de Cataluña presentaron la candidatura (auspiciada por una rara unanimidad institucional que incluyó a los gobiernos catalán y español) para que la organización reconociera también la fiesta del libro y de la rosa como Patrimonio Inmaterial de la Humanidad. Aquel día (de Sant Jordi) una foto inmortalizó en Barcelona juntos, cada uno con una rosa en la mano, a la vicepresidenta del Gobierno de España, Soraya Sáenz de Santamaría; el vicepresidente de la Generalitat de Cataluña, Oriol Junqueras; el teniente de alcalde de Barcelona, Jaume Collboni; el presidente de la Cámara del Libro, Patrici Tixis; el consejero de Cultura, Santi Vila, y el director general de la Fundación la Caixa, Jaume Giró. Ahora sabemos que en aquellos momentos a algunos de ellos los espiaban, y que pocos meses después se acusarían y perseguirían entre sí. Lo que obró el milagro de reunirlos, juntos y sonrientes, sobre un escenario no fue la política, ni siquiera Cataluña: fue el día de Sant Jordi. Sant Jordi es un prodigio no gubernamental que todo el mundo valora positivamente y en el cual, en un solo día, se venden casi 2 millones de libros (¡ojo!: y 7 millones de rosas) y se facturan 24 millones de euros; y es el único momento de año en que las ventas de libros en catalán en Cataluña superan las de libros en castellano (el 52,2 % frente al 47,8 %, en 2023). Es también una fiesta en todo el territorio, transgeneracional, integradora, transversal políticamente (tanto que Ciudadanos la reivindicó como fecha alternativa a la Diada del 11 de septiembre) y motivo de una avalancha de páginas y minutos en los medios de comunicación hablando de libros y de letras. Sant Jordi es, año tras año, el milagro que demuestra que los libros, la literatura y el catalán pueden tener –combinados de una manera concreta que todo el mundo querría copiar pero que no acabamos de saber exactamente cómo funciona– un poder extraordinario.

En el otoño de 1859, el libro *El origen de las especies por medio de la selección natural, o La conservación de las razas favorecidas en la lucha por la existencia* (habitualmente conocido por el título abreviado de *El origen de las especies*) tuvo un éxito inesperado, y los 1.250 ejemplares que se pusieron a la venta en Inglaterra se agotaron en el acto. En esta obra, Charles Darwin expone (y demuestra) su teoría de la evolución, según la cual unas alteraciones mínimas permiten a los órganos cumplir nuevas funciones en nuevas condiciones. De modo que, desde hace un siglo y medio, tenemos sobre la mesa el reto o el encargo de aplicar ese principio a los ámbitos de estudio que no son solo la historia natural.

5. El panorama en la librería o la biblioteca

Podría parecer, con los datos y consideraciones del capítulo anterior, que nos estamos saliendo del tema de este ensayo, pero todo eso tiene una translación directa en el panorama editorial y literario. Imaginemos que un visitante entra en una librería de Barcelona o Badalona y pide a la librera que le sugiera nombres de escritores catalanes. ¿Cuáles le propondrá? En principio, autores (y autoras, por supuesto) nacidos en Cataluña que escriban en catalán. La lista es larguísima. Ningún problema. Bueno, si no fuera por el hecho de que podemos elaborar otra lista significativa de ciudadanos no catalanes administrativamente hablando que escriben en catalán, y luego están también, claro está, los catalanes que no escriben en catalán, que lo hacen castellano o directamente en inglés. Digamos que hoy el criterio nación = lengua literaria = literatura nacional no abarca todos los casos posibles. Entonces, ¿qué tenemos? Pues tenemos...

I. Catalanohablantes que escriben en catalán. Eso incluye a los catalanes de Cataluña (bienvenidos a un país reiterativo), pero también, si adoptamos el criterio lingüístico o cultural corriente, no el administrativo, los catalanohablantes de fuera del Principado: aragoneses, baleares y valencianos. Por mencionar solo algunos autores actuales de primera línea (los pongo en orden alfabético), hablamos, por ejemplo, de Mercè Ibarz (n. 1954) o Francesc Serés (n. 1972), y del gran Jesús Moncada (1941-2005), autor de *Camino de sirga*, en el caso de los aragoneses; de Sebastià Alzamora (n. 1972), Ponç Pons (n. 1956), Baltasar Porcel (1937-2009) o Antònia Vicens (n. 1941) en el de los baleares; de Manuel Baixauli (n. 1963), Maria Josep Escrivà (n. 1968), Joan Francesc Mira (n. 1939) o Ferran Torrent (n. 1951) en el de los valencianos. Y utilizo estos nombres a título puramente ilustrativo.

II. Escritores nacidos en España fuera de los territorios de habla catalana que han adoptado el catalán como lengua literaria. Cabe decir que en este caso tienen mucha importancia las circunstancias biográficas, pero recordemos que uno de los grandes clásicos del teatro catalán, Àngel Guimerà (autor del emblemático primer discurso en catalán en el Ateneo Barcelonés de 1895), había nacido en Santa Cruz de Tenerife y tenía el castellano como lengua materna. Ahora la lista es sintomáticamente más breve. Acompañan a Guimerà casos como los de la psicóloga granadina Leticia Asenjo (n. 1978), Lluís Cabrera (nacido en 1954 en Arbuniel, Jaén), Guillem d'Efak (nacido en 1930 en Río Muni, entonces colonia española, y fallecido en Palma de Mallorca en 1995), Carmelina Sánchez-Cutillas (1921-2009, nacida en Madrid, aunque de familia valenciana), el gallego Xulio Ricardo Trigo (n. 1959) y obviamente, unas décadas antes, el del autor de una obra canónica de la literatura de la inmigración: *Els altres catalans / Los otros catalanes* (1965), Paco Candel (1925-2007), llegado a Barcelona a los dos años con sus padres desde Casas Altas, en el Rincón de Ademuz. Este subapartado es un buen ejemplo de cómo la energía no es uniforme en direcciones diferentes: hay muchos catalanohablantes que pasan a escribir en castellano y muy pocos españoles castellanohablantes que pasen a escribir en catalán.

III. Escritores en catalán que no son españoles de nacimiento. Esta categoría incluye, por un lado, a los catalanohablantes con otro pasaporte: andorranos, roselloneses y alguereses. De entre todos ellos, los «franceses» Joan Daniel Bezsonoff (n. 1963) o Joan-Lluís Lluís (n. 1963, ganador del Premio Sant Jordi 2017) se reivindican como catalanes (y los percibe como tales sin problema alguno buena parte del público en Gerona, Palma o Barcelona), por encima o más allá de la frontera estatal. Después están los que se han convertido en catalanohablantes (y escribientes) sin serlo de origen, a los cuales podríamos llamar *integrados*: nacidos a veces con otro pasaporte y siempre con otra lengua y llegados a Cataluña, donde han decidido libremente aprender catalán y escribir en catalán. Son casos como los del estadounidense Sam Abrams (n. 1952); la beninesa Agnès Agboton (n. 1960); el iraquí Pius Alibek (n. 1955); las rifeñas o marroquíes (según se mire) Asmaa Aouattah (n. 1970) y Najat El Hachmi (n. 1979), de lengua materna amazig o bereber; la rusa Xènia Dyakonova (n. 1985); la argentina Patricia Gabancho (1952-2017); la rumana Corina Oproae (n. 1973); la italiana Lucia Pietrelli (n. 1984); la eslovena Simona Škrabec (n. 1968, residente en Barcelona desde 1992); el inglés Matthew Tree (n. 1958); la argentina Silvana Vogt (n. 1969), hoy librera en Sant Just Desvern, y la dramaturga igualmente argentina de nacimiento Victoria Szpunberg (n. 1973). Según los datos del Instituto de Estadística de Cataluña, los marroquíes (con el 17,2 % del total de los nacidos en el Principado) eran en 2023 la primera nacionalidad de la población extranjera en Cataluña. De modo que casos como los de El Hachmi y Aouattah (o Mohammed Chaib, Said El Kadaoui, Laila Karrouch) no son excepcionales, y lo serán cada vez menos: Miquel Pomar Amer, de la Universitat de les Illes Balears, ha estudiado en su tesis doctoral la aparición de voces de autores catalanomarroquíes y habla de un «giro multicultural en el sistema literario catalán».[10] Este apartado tiene un contrapunto, o una ampliación, muy interesante y hasta ahora no estudiado: un caso como el de Salem Zenia (n. 1962), nacido en la Cabilia y primer «escritor refugiado» del PEN Catalán acogido en

2007 (como parte de la red europea ICORN): Zenia es un autor bereber que, gracias a Cataluña y al PEN, ha podido desarrollar una obra literaria en su lengua materna (cosa que sería difícil en Argelia) y que también ha aprendido catalán y se ha instalado y echado raíces en Cataluña.

La lista se vuelve aún más entretenida si le añadimos perspectiva histórica y geográfica: pensemos en los casos del gran poeta rosellonés (y, por lo tanto, ciudadano francés) Josep Sebastià Pons (1886-1962); el del archiduque Lluís Salvador de Habsburgo-Lorena, nacido en Florencia el 1847, autor entre otras obras de *Rondayes de Mallorca* (1895) o *Lo que sé de Miramar* (1911); el del ilustrado menorquín Joan Ramis i Ramis (1746-1819), quien a lo largo de su vida y sin moverse de su isla fue ciudadano español, francés, inglés y de nuevo español; o, yendo más atrás en el tiempo, en el poeta y pintor renacentista Pere Serafí (1505-1567), conocido por sus contemporáneos como lo Grec (el Griego) porque procedía de Chipre.

IV. Ciudadanos catalanes que escriben en otras lenguas. La mayoría, en castellano. En este caso, la lista es muy extensa. Algunos han nacido en Cataluña, como Nuria Amat (n. 1950: «una escritora barcelonesa internacionalmente reconocida», según su web), el tarraconense Jordi/Jorge Carrión (n. 1976), Francisco Casavella (1963-2008), la leridana Ariadna Castellarnau (n. 1979), los hermanos Goytisolo Gay, Juan Marsé (1933-2020), Carlos Ruiz Zafón (1964-2020), Manuel Vázquez Montalbán (1939-2003) o Enrique Vila-Matas (n. 1948). Otros han nacido fuera de Cataluña, pero se han convertidos en ciudadanos catalanes, como Javier Cercas (n. 1962). En «Si yo fuera un escritor en catalán», en diálogo con el euskaldún Anjel Lertxundi, Cercas afirma: «si yo fuera un escritor en catalán, diría lo mismo que digo ahora que solo soy un asiduo usuario del catalán. Diría que la defensa del catalán es, antes que una cuestión política, una cuestión moral, de respeto, no ya por la lengua catalana, que es una abstracción, sino por los catalanoparlantes, que somos individuos concretos. [...] si yo fuese un escritor en catalán intentaría desmontar con éxito la trampa que he intentado desmontar sin éxito siendo un escritor en castellano y haría lo posible por separar el debate lingüístico del debate político».[11] Aunque en este apartado tenemos también un caso como el de Edgar Cantero (n. 1981), quien, después de publicar dos novelas en catalán (la primera, *Dormir amb Winona Ryder*, Premio Joan Crexells a la mejor obra narrativa del año), escribió en inglés *The Supernatural Enhancements*, y con la siguiente, *Meddling Kids*, entró en 2017 en la lista de más vendidos de *The New York Times*. O también el del pintor y escritor Miquel Barceló, que afirma escribir sus cuadernos en francés como forma de distanciamiento para evitar las veleidades literarias en las que podría incurrir de hacerlo en catalán.

V. Autores que escriben en catalán y castellano. Algunos lo hacen o lo han hecho en una u otra lengua en diferentes momentos de su vida, como Pere Gimferrer (n. 1945), Terenci Moix (1942-2003) o Eugeni d'Ors (1881-1954); otros simultanean las dos lenguas, como Jordi Sierra i Fabra (n. 1947), a quien la Generalitat dedicó una exposición monográfica en el Palau Robert en 2022, la matceronense Care Santos (n. 1970) o la argentina Flavia Company (n. 1963). Aunque también habría que incluir aquí las variantes de uso de una de las lenguas en función del género literario, como hacen Eduardo Mendoza (n. 1943), narrador en castellano que escribe el teatro en catalán, o Carme Riera (n. 1948), narradora en catalán y ensayista en castellano; y aun la otra posible variante de uso de una lengua solo en un libro concreto, como hizo Albert Sánchez Piñol (n. 1965) en el ya mencionado *Victus* (2012), cuando decidió escribir la novela en castellano para «crear cierta distancia histórica».[12] Y quizás habría que pensar también qué hacemos con los escritores catalanes que después traducen (¿o reescriben?) ellos mismos su obra al castellano, como el poeta Joan Margarit (1938-2021) o la ya mencionada Carme Riera. Otro caso o subapartado posible son los autores que dicen escribir en catalán o castellano indistintamente, algunos asociados a importantes premios en catalán, a los cuales se presentan desde una trayectoria previa como escritores en castellano. Fue lo que hizo Nuria Amat, Premio Ramon Llull 2011 con *Amor i guerra*, su primera novela en catalán (circularon rumores acerca de la lengua original del libro, también publicado en castellano), o el periodista Víctor Amela, Premio Ramon Llull 2016 con *La filla del capità Groc*. La dotación del Ramon Llull es de 90.000 euros y lo promueve la editorial Planeta, del grupo empresarial homónimo, propietario entre otros de Antena 3, La Sexta, el diario *La Ra-*

zón, la cadena de radio Onda Cero o la Universidad Internacional de Valencia. Y también del Grup 62, el conglomerado editorial más importante en catalán. Planeta fue hasta 2017 una empresa catalana: aquel año decidió trasladar su sede social a Madrid por el momento político.

VI. Residentes nacidos en otros países u otros territorios del Estado que escriben en Cataluña su obra en lenguas que no son el catalán. Algunos durante estancias breves, como fue el caso de Gabriel García Márquez y Mario Vargas Llosa en la década de 1970, y también más recientemente de Bernardo Atxaga o Colm Tóibín (ambos sitúan, además, obras suyas en Cataluña: Tóibín es autor de un *Homenatge a Barcelona* publicado originalmente en inglés y después traducido al catalán –no al castellano–, y, más recientemente, de *Una casa al Pallars*; Atxaga situó al protagonista de *El hombre solo* en un hotel en las afueras de Barcelona, en el verano de 1982). Otros escritores decidieron o han decidido instalarse en Cataluña (o en Mallorca, pensemos en Robert Graves), con diferentes grados de integración, desde el alto de Mathias Énard, Stefanie Kremser,[13] Valerie Miles, David Monteagudo o Juan

Pablo Villalobos al medio de Roberto Bolaño, John Carlin o Virginie Despentes, el bajo de Tom Sharpe[14] y el nulo de Jonathan Littell (estadounidense que escribe en francés y vive en Cataluña para pasar inadvertido). Acierto a imaginar algunas cejas enarcadas cuando menciono esos nombres hablando del polisistema literario catalán, cejas que quizás seguirían en su sitio si los nombres fueran los de Alicia Giménez Bartlett, José María Mendiluce o Juan Soto Ivars: véase el poder de los mapas mentales.

VII. Y aún nos quedan los emigrados (categoría llamada a crecer, si sigue la tendencia de muchos jóvenes profesionales). Aquí, de nuevo, podemos distinguir dos subgrupos: por un lado, aquellos que en el extranjero siguen escribiendo en catalán (llamémoslos los desplazados geográficos), como el ensayista Enric Bou (n. 1954), la novelista Roser Caminals (n. 1956) o, de más edad, el poeta Ramon Xirau (nacido en Barcelona el 1924 y muerto en México en 2017); y, por otro lado, los catalanes que, instalados en el extranjero, han decidido (o decidieron) adoptar otra lengua literaria, como Laia Fàbregas (n. 1973), narradora en neerlandés y catalán (lengua a la que también traduce su obra), o Caterina Pascual Söderbaum (1962-2015), que escribía en sueco. Y también podemos incluir aquí los exiliados retornados, como el poeta Jean Serra (1952-2024), nacido en Argelia de padres ibicencos exiliados durante la guerra civil y que luego regresaron a Ibiza.

No estoy afirmando que todos los nombres de estos siete grupos sean escritores o escritoras catalanes. Sí que sostengo que ese es el polisistema de la literatura (o, si queremos hacerlo más grande, del libro) en Cataluña y en buena parte de los territorios de habla catalana. Y que, como hemos apuntado al principio de nuestro ensayo, en un sistema todos los elementos actúan entre sí; la entropía tiende a aumentar, y el orden, a disminuir. Para la física estadística, la entropía es una medida del número de configuraciones de un sistema: podemos interpretar un número más alto de configuraciones como un aumento en el desorden de un sistema. Así, la segunda ley de la termodinámica nos dice que el número de configuraciones siempre aumenta en un sistema aislado, y que de manera natural, espontánea, los procesos tienden hacia estados de mayor desorden (nunca de mayor orden), hasta que el propio sistema es lo más homogéneo y desorganizado posible. El sistema de la literatura en Cataluña es más grande que el de la literatura catalana, pero al mismo tiempo la literatura catalana desborda o va más allá de la literatura en Cataluña. Y eso pasa delante de nuestros ojos y de nuestras cajitas y etiquetas con una tendencia innata a la homogeneización y la desorganización siempre que no hagamos nada (no añadamos energía).

SCRISSI IN VENTO

Finalmente, a la hora de describir el polisistema literario catalán no tendríamos que olvidar la industrialización creciente de la literatura catalana ni la digitalización de la cultura en general. Ambas tendencias ponen en cuestión y relativizan (o reorientan) datos y presupuestos tradicionales: son aportaciones de energía sin las cuales ya no se entienden algunos de los fenómenos que podemos observar. La primera, por ejemplo, ayuda a comprender mejor y contextualizar los casos de autores que viajan de una lengua a otra sin ningún problema (a menudo, con movimientos de ida y vuelta) en función de encargos o proyectos: de hecho, muchas veces es la empresa (la editorial) la que plantea la lengua de un libro, de modo que las tradicionales identificaciones personales y psicológicas sobre la lengua literaria «elegida» se han de tomar hoy, en relación con los títulos más comerciales, *cum grano salis*. Eso ayuda a entender, por ejemplo, los casos antes mencionados de Amat o Amela, y otros movimientos asociados a premios, encargos o colaboraciones en medios de comunicación. La explosión de lo digital, por su parte, que ya va más allá del libro electrónico e internet con la irrupción de la inteligencia artificial, puede complicar en muy poco tiempo conceptos tradicionales como los de autoría individual, lengua original, fecha de publicación y otros que han servido durante los últimos siglos para construir las paredes de las cajas de la entomología editorial y literaria. En realidad, con la normalización de la inteligencia artificial ya no hará falta saber catalán para escribir en catalán y, por lo tanto, para ser un escritor catalán. No hará falta saber una lengua para «escribir» en esa lengua. En 2023 tuvimos una vislumbre de ese panorama cuando Jorge Fernández, el ganador del Premio Ciutat de Palma

Joan Alcover de poesía, después de no pronunciar una sola palabra en la lengua de Alcover en el acto de entrega del galardón, reconoció que había escrito su obra *Ecogrames* en castellano y sencillamente la había traducido al catalán, como había hecho antes con otro premio en Valencia («Ver que gané con una obra escrita en castellano y traducida al catalán hizo que viera un nuevo modelo para publicar mis obras y ahora lo hago con otras creaciones para poder presentarme a diferentes premios», declaró a la prensa). Alguien podría decir que cambian las condiciones del juego, del sistema; otros aducirán directamente, no sin razón, que se trata de un juego diferente.

Este es el panorama. El mundo editorial y cultural catalán, su sistema literario, es amplio, complejo, ambiguo a veces, mutable, sinuoso: no se deja atrapar en un adjetivo, una forma geométrica precisa ni una única ecuación, no deja que lo veamos bien solo con gafas de lejos o gafas de cerca. Los autores mencionados (mencionados, repitámoslo, a modo de ejemplo; más que los nombres, nos interesa la diversidad que representan) son el presente y el futuro, más allá de mítines y política, no solo de la literatura y la cultura en Cataluña, sino en buena medida también de las formas y los discursos que se adoptarán en ella en las próximas décadas. De nuevo: ¿he dicho que todos esos autores son escritores catalanes? No. ¿Creo que tendríamos que contemplarlos como parte de la cultura catalana, vista como polisistema, y leer lo que ocurre hoy en él –también en relación con el sistema literario– teniéndolos en cuenta? Sí, sin duda. La lengua sigue siendo un elemento central para definir cualquier literatura, pero las definiciones y las identificaciones nacionales o identitarias, en el escenario que he intentado describir en las páginas precedentes, se han vuelto parciales, efímeras y más bien complejas. Por poner un ejemplo concreto: tres de los principales narradores catalanes actuales, Najat El Hachmi, Joan-Lluís Lluís y Francesc Serés, son una bereber-marroquí, un norcatalán y un aragonés, y al mismo tiempo y sin atisbo de duda son también escritores catalanes, mis colegas y conciudadanos (culturales, al menos). A mí eso me parece una excelente noticia, tanto por lo que se refiere a la lengua como a Cataluña; aunque en los tres casos –recalquémoslo– la excelencia de la noticia está relacionada con el hecho de que permite una visión «expandida» de la literatura catalana y, con ello, de la identidad correspondiente. La cultura catalana ha hecho aportaciones sustanciales cuando ha actuado como si estuviera en el centro, o en un centro: quienes estudiamos y de algún modo también protagonizamos la literatura catalana deberíamos preguntarnos de qué manera podemos hacer que sea centro de lo que ocurre –de todo lo que ocurre– en el sector editorial y el mundo de las letras en Cataluña. Con la lengua como espinazo, pero no (es mi modesta opinión) como anteojos ni como plomada. No es preciso ningún cambio de etiqueta (sobre qué es literatura catalana, por ejemplo), pero sí un cambio de perspectiva radical y un significativo cambio de actitud (una perspectiva y una actitud más curiosas, más ambiciosas, más proactivas, más inclusivas) sobre lo que ocurre en Cataluña en la literatura y los escritores acerca de las ideas de autoría, pertenencia y pertinencia literarias. Creo que sería positivo, a estas alturas, plantear sin miedo a las preposiciones la pregunta sobre quién es (y por qué y a partir de qué) ciudadano de un país, parte de su cultura, escritor de su literatura. Y, para no perdernos en la escaramuza entre catalán y castellano, hacerlo mirando hacia arriba y hacia abajo en el eje de las identidades o adscripciones: un ciudadano (un escritor) de Perpiñán y otro de Figueras son los dos catalanes y los dos europeos (es lo que dicen sus pasaportes). Aquí la teoría de conjuntos (y subconjuntos) también podría venir bien. En definitiva, entendiendo siempre que, como hemos indicado, las decisiones que se toman en un sistema afectan siempre a los otros, y no en un orden o una dirección equivalentes o equilibrados: es fácil comprender que las acciones y decisiones de Amazon afectan a las librerías convencionales y también a las pequeñas librerías independientes, y que la energía va en esa dirección y no al revés. Del mismo modo, deberemos comprender también que cada paso, cada acción, cada decisión sobre las lenguas oficiales de la Unión Europea afecta a todas las lenguas del continente (las oficiales y las que no lo son), que cada normativa sobre la lengua castellana y cada acción relativa a la literatura española en castellano afecta también a las otras lenguas y literaturas del Estado, y que eso no pasa en la dirección opuesta, ahí no hay viceversa. Solo el añadido de energía en el sistema (hacer política es eso) en sentido inverso al de la inercia puede compensar la situación. Aunque también solo la conciencia clara de que el polisistema del mundo del libro y la lectura en Cataluña va más allá de la literatura, de Cataluña, de la literatura escrita en catalán y de los escritores que escriben en catalán, solo esa percepción clara, nos permitirá hablar de las letras catalanas en clave contemporánea. La manera tradicional de etiquetar y adscribir la literatura (y, de ahí, de intentar incidir en ella) no es mala: sencillamente ya no es suficiente. Por limitada, adánica y desenfocada. Y la «culpa» no es del capitalismo ni del nacionalismo: es de la termodinámica, con lo cual ya no deberíamos hablar de culpa.

6. Conclusiones

Este ensayo breve parte de la pregunta sobre qué ocurre hoy en el espacio en que confluyen literatura, lengua y lugar, y apuesta por la hipótesis de que este espacio (y la combinación entre los tres elementos) ha cambiado y, sin embargo, seguimos mirándolo y hablando de él y pensándolo como si no hubiera sido así: seguimos planteando la confluencia de lugar, lengua y literatura como hace cincuenta, cien o incluso ciento cincuenta años.

El objeto de estudio fundamental del libro es la literatura catalana, pero este no es un ensayo sobre los adjetivos de la literatura, sino sobre sus complementos circunstanciales. Y, si se quiere, sobre ciertos cambios en curso en la gramática de lo literario. La primera afirmación o subrayado que hemos hecho es que ninguna literatura es un sistema cerrado, ni estable. ¿Obvio? Piensa un rato en cómo piensas sobre tu literatura, cómo te la enseñaron en la escuela y cómo hablan de ella en el periódico, y te darás cuenta de que no hay un gramo de obviedad en esta afirmación. A continuación, y ya como propuesta, hemos insistido en hablar de la literatura (de cualquier literatura) en términos de sistema, y más específicamente de polisistema. Esto permite subrayar su relación intrínseca –e inevitable– con las ideas de conexión, de evolución, de energía y de desorden, facilitando ver los hechos y los cambios que se producen de una manera más articulada, menos sentimental y menos ideológica. Se tratará de preguntarse cuánta energía hay en el sistema, en qué direcciones y con qué lógicas se mueve, y cómo y cuánta puede transformarse en trabajo. Un tercer elemento que hay que tener en cuenta para pensar hoy en términos de literatura e identidades es la creciente importancia de la movilidad (desplazamientos, migraciones, exilios) y del multilingüismo: en ese escenario, las identificaciones entre espacio y lenguas funcionan (si funcionan) inevitablemente de otra manera, y eso debería hacer evolucionar también nuestra forma de hablar de autores, textos y literatura, y de las adscripciones de todo ello. Como hemos visto, la identidad es hoy cada vez menos territorial y menos estable. Por eso, también, el interlocutor de este libro es por momentos la filología como disciplina académica, luego la cultura y la literatura catalanas y, al fin y al cabo, también la literatura *tout court* en el siglo XXI. Porque la lengua catalana, la literatura escrita y editada en esta lengua y los territorios en los que se habla son hoy un laboratorio excelente para las ideas generales expuestas. Un territorio –un espacio– diverso, vivo, en evolución, rico en matices, imposible de describir con ecuaciones de primer grado. Por último, el libro propone pensar la literatura y la cultura en términos de energía, entropía y procesos, para así poder describir y entender mejor muchos de los hechos que en ellas se dan.

Cultura e imperialismo de Edward W. Said, evocado en el capítulo 4, concluía hace más de treinta años con un texto visionario: «Nadie es hoy puramente una sola cosa. [...] Nadie puede negar la continuidad persistente de las largas tradiciones, sostenidos asentamientos, lenguajes nacionales y geografías culturales. Pero no parece existir razón, excepto el miedo y el prejuicio, para que se insista en su separación y sus caracteres distintivos, como si la vida humana consistiese solo en eso. De hecho, sobrevivir supone establecer conexiones con las cosas: en frase de Eliot, no se puede privar a la realidad de "los otros ecos [que] habitan el jardín"» (515). No he escrito *Literatura, lengua y lugar. Termodinámica aplicada* para defender ninguna teoría ni con una propuesta taxonómica en el bolsillo: hablo aquí, más que como profesor de Filología Catalana, como investigador de la cultura, como observador interesado por las formas, las condiciones, las opciones que nos permiten o nos tendrían que permitir seguir hablando de literatura en un mundo acelerado y cambiante, con una regresión evidente en el uso de mi lengua, del peso social de la literatura y de la capacidad de los gobiernos para incidir de algún modo en el devenir colectivo. Y hablo entendiendo que hoy, en el siglo XXI, tanto la inestabilidad como el cambio forman parte inextricable de nuestro panorama. Se trata de una lección que tenemos que aprender a integrar no como personas (eso se hace de manera natural), sino por un lado como disciplina y por otro como comunidad (hablando, por ejemplo, desde el sistema literario, o desde el mundo del libro y la lectura). Abiertos a todo y sin renunciar a nada. Quizás el día de Sant Jordi puede darnos pistas en este sentido: momentos de mezcla de elementos con prevalencia o inclinación (plus de energía) hacia el catalán, con una elevada presencia pública (aceptada, consensuada) de los libros y la literatura también por encima de la inercia, el sistema y la energía dejados a su propio albur. Sant Jordi es un ejemplo de actuación (de energía añadida al sistema) mejor (más eficaz, más dúctil, menos excluyente) que la política, la religión o los reconocimientos y campañas administrativos. Durante años, la lengua y la literatura catalanas (como otras lenguas y culturas subalternas) han sido tan perseguidas y se han sentido tan débiles que hemos tendido a aferrarnos a un puñado de certezas nucleares, supuestamente esenciales: tenemos (o creemos que tenemos) más o menos controlado el lugar (y las definiciones) de la literatura propia, siempre vinculada a la lengua, pero sabemos muy poco de todos los espacios liminares donde la literatura pasa a ser cultura; donde la identidad pasa a ser identidades o cambios; la militancia, una molestia; el mercado, el terreno real de juego. Debemos pensar también sobre y desde esos espacios liminares en continua mutación, como los sistemas termodinámicos, asumiendo los riesgos y los replanteamientos que haga falta, porque solo desde el riesgo de otra forma de mirar podremos seguir tirando del hilo, la entropía, de lo que llamamos literatura y cultura catalanas. Creo que hoy la caja llena de conexiones, el sistema que es a un tiempo polisistema y subsistema, tiene el suficiente aire fresco para recordar la frase del físico Richard Feynman citada al principio del libro: «Para poder progresar debemos reconocer nuestra ignorancia y dejar sitio para la duda».

7. Y unas consideraciones finales

Más de una vez me he preguntado por qué elegí el catalán como lengua de expresión literaria. Sí, soy de los que pudieron (y quisieron) elegir. La opción del castellano habría sido plausible: es la lengua en la que aprendí a leer y escribir en la escuela, la lengua de mi abuela y parte de la familia, la lengua de los primeros libros, la lengua de relación con muchos compañeros, de la tele, el cine... Sin embargo, también era la lengua del poder, en el peor sentido de la palabra; y ese hecho (además de la familiaridad, de una, digamos, interioridad del catalán) tuvo, a mi entender, su peso. Dicho de otra manera, el catalán era mi lengua y era además la lengua de lo menospreciado. Ahora me parece triste que tantos años después (años vividos ya en democracia, con oficialidad de la lengua, con autogobierno y dentro de Europa) el catalán siga siendo el precario, y la situación no parece que vaya a cambiar sustancialmente ni que sea algo que interese a los jóvenes como me interesaba a mí. Con un añadido sarcástico: hoy, además, volvemos a estar bajo sospecha. De la comodidad del poderoso en el franquismo hemos pasado a un sorprendente desasosiego del poderoso: el catalán sigue minorizado (eso en Cataluña: la situación es peor con la inhibición institucional en las Baleares y mucho peor con la brutalidad secesionista en Valencia), la novedad es que ahora nos toca aprender a pedir permiso a médicos, periodistas, camareros, jueces, asociaciones por la tolerancia y defensores monolingües de los derechos de los individuos. De la asfixia del débil hemos pasado a la denuncia del débil presentándolo como el ofensor. Ahora bien, como dijo Nikola Tesla, si queremos encontrar los secretos del universo (y no complacernos en nuestro agravio, nuestro caso, nuestra pena) tenemos que pensar en términos de energía, frecuencia y vibración. Energía, es decir capacidad de trabajo: actividad humana consciente. Por eso he escrito este ensayo, y he recurrido, entre otras cosas, a los principios de la termodinámica. También porque las leyes o principios de la ciencia experimental son en ellos mismos ejemplos perfectos contra el esencialismo y más allá del inmanentismo: más allá de lo que nos dijeron que teníamos que pensar, o del modo en que nos dicen que tenemos que ver la realidad, gracias a los resultados de la observación y el razonamiento, la experimentación, la discusión entre especialistas. Es así como los principios científicos terminan derribando las sabidurías ancestrales o las etiquetas «de siempre». También en las ciencias humanas.

He avisado al principio que este no era un libro de recetas. Espero, en cambio, haber aportado ideas y señales sobre la confluencia de literatura, lengua y lugar en una dirección al menos poco convencional, desde la voluntad de mirar la realidad de cara y pensarla de forma compleja: como he dicho en la introducción, los fenómenos culturales (y la lengua y la literatura son dos ejemplos emblemáticos) no pueden ser entendidos analizando rasgos aislados. Si queremos defender las lenguas (todas las lenguas) o la literatura en el siglo XXI, tendrá que ser lejos de lo que Álex A. Nogueira llama los fantasmas de los momentos primitivos: de cara al futuro, y a partir de datos objetivos de todo lo que nos rodea, más allá de los presupuestos, las ilusiones o la agenda de los observadores. De otro modo, si lo dejamos todo tal como nos lo enseñaron y utilizamos las mismas etiquetas, los mismos instrumentos de medida y las mismas presuposiciones que cuando estudiamos, las literaturas no mayoritarias corren el riesgo de convertirse en glaciares: muy bonitas, muy simbólicas, poderosas pero mudas, cada vez menos accesibles, más pequeñas y seguramente destinadas a desaparecer.

Notas

1. Prat de la Riba escribe en *La nacionalidad catalana* (1906): «Los unos decían que la lengua era la Patria y la proclamaban reina, y nos la mostraban cubierta de un manto de pueblos, cortados por la espada del gran rey Jaime I; otros decían que lo que hace a los pueblos es la historia y nos recordaban los buenos tiempos de la nación catalana; otros querían que fuese la literatura, el arte, las costumbres... Y todos tenían razón, y todos a la vez». Citado en traducción de Antonio Royo Villanova (Valladolid, Imprenta Castellana, 1927, p. 38).

2. José Antonio Primo de Rivera escribía: «Por eso soy de los que creen que la justificación de España está en una cosa dis-

tinta; que España no se justifica por tener una lengua, ni por ser una raza, ni por ser un acervo de costumbres, sino que España se justifica por una vocación imperial para unir lenguas, para unir razas, para unir pueblos y para unir costumbres en un destino universal; que España es mucho más que una raza y es mucho más que una lengua, porque es algo que se expresa de un modo del que estoy cada vez más satisfecho, porque es una unidad de destino en lo universal» (Agustín del Río Cisneros, comp., *Obras completas de José Antonio Primo de Rivera*, Madrid, Editora Nacional, 1950, p. 260).

3. Véase la página web <https://collectiupe requart.wordpress.com>.

4. Lo Gayté del Llobregat, el poeta que en abril de 1841 escribió en el prólogo a sus *Poesies*: «Cataluña puede aspirar todavía a la independencia, no a la política, pues pesa muy poco en comparación con las demás naciones, las cuales son capaces de colocar en el plato de la balanza, además del volumen de su historia, ejércitos de muchos miles de hombres y escuadras de centenares de buques; pero sí a la literaria,

hasta la cual no se extiende ni puede extenderse la política del equilibrio. Cataluña fue por espacio de dos siglos la maestra en letras de los demás pueblos; ¿por qué no puede dejar, pues, de desempeñar el humillante papel de discípula o imitadora, creándose una literatura propia y aparte de la castellana? ¿Por qué no puede restablecer sus *jochs florals* y su academia del *gay saber*, y volver a sorprender al mundo con sus tensones, sus cantos de amor, sus serventesios y sus alboradas? Un pequeño esfuerzo le bastaría para reconquistar la importancia literaria de que gozó en otras épocas; y, si Dios permitiera que esta idea se realizase algún día, y que los genios catalanes descolgaran las arpas de los trovadores que han estado por tanto tiempo olvidadas, el *Gayté del Llobregat*, por escasas que sean sus fuerzas, se compromete desde ahora por siempre a guerrear en el lugar que se le señale, por más que sea en la última fila, para conquistar la corona de la poesía que nuestra patria dejó caer tan vergonzosamente de su frente y que los demás pueblos recogieron y de la que se adueñaron».

5. Núria Juanico, «El sector del llibre tanca el millor any de la dècada», *Ara*, 13 de diciembre de 2021.

6. Obtengo los datos de títulos publicados, sumando catalán y valenciano (y sumando papel y otros soportes), del informe *El sector del libro en España* (2017) del Observatorio de la Lectura y el Libro y del *Anuario de estadísticas culturales 2023* publicado por el Ministerio de Cultura y Deporte. En los mismos años se publican en España en castellano 76.692 (en 2010), 62.526 (2015) y 75.297 (2022) títulos; en euskera 1.257 (2010), 1.222 (2015) y 1.558 (2022) títulos, y en gallego 2.290 (2010), 1.394 (2015) y 1.717 (2022) títulos. El Instituto de Estadística de Cataluña (por lo tanto, sin Baleares ni Valencia) consigna en 2010 7.897 títulos en catalán (de un total de 20.533 publicados); en 2015, 6.182 (de 17.835) y en 2021, 6.054 (de 16.906).

7. Oriol Izquierdo, «Plantacions d'eucaliptus», *El Temps*, 11 de diciembre de 1989.

8. Extraído de la página web <https://llengua.gencat.cat/ca/el-catala/coneixement-i-us/index.html>.

9. Júlia Baena, «Les biblioteques escolars a

Catalunya (2020-2021): un retrocés preocupant», *Anuari de Biblioteques, Llibres i Lectura*, 7 (2022).

10. Miquel Pomar Amer, «Voices Emerging from the Border. A Reading of the Autobiographies by Najat El Hachmi and Saïd El Kadaoui as Political Interventions», *Planeta Literatur. Journal of Global Literary Studies*, 1 (2014), pp. 33-52. Sobre el tema véase también Isabel Marcillas, «Veus de frontera: *Els altres catalans* d'ara», *Caplletra*, 65 (2018), pp. 177-189.

11. Javier Cercas, «Si yo fuera un escritor en catalán», en A. Lertxundi (ed.), *Demagun ehun urte barru*, Eizte, 2016, pp. 169-183.

12. «Tenía ya casi un centenar de páginas en catalán y no me pregunten por qué pero aquello no funcionaba; la aparqué hasta que traduje la primera en castellano y entonces vi que tenía más sentido. Creo que el simple hecho de escribirlo en otro idioma me permitía crear cierta distancia histórica; también está que toda la documentación consultada era en castellano... De todos modos, un creador se ha de poder dejar ir con toda tranquilidad.» Declaraciones del autor a Carles Geli («La tragedia

perfecta de 1714», *El País*, 14 de octubre de 2012).

13. La autora de *Si aquest carrer fos meu* (donde recorre las casas en las que ha vivido a lo largo de su vida) reconoce ser una emigrante privilegiada, porque nunca ha tenido que huir del lugar en el que estaba.

14. Sharpe es un buen ejemplo de integración lingüística nula y de alta integración vital: a su muerte, en 2013, el escritor quiso crear en Palafrugell la Fundación Tom Sharpe (<fundaciotomsharpe.org>), entidad que gestiona su archivo personal y que tiene la voluntad de potenciar el estudio y la promoción de su obra literaria, en Cataluña y el resto del mundo.

Referencias

ALEXANDER, Jeffrey C., Ronald N. JACOBS, y Philip SMITH (eds.), *The Oxford Handbook of Cultural Sociology*, Oxford, Oxford University Press, 2012.

AUGÉ, Marc, *Por una antropología de la movilidad,* no consta traductor, Barcelona, Gedisa, 2007.

BEN-NAIM, Arieh, *La entropía desvelada. El mito de la segunda ley de la termodinámica y el sentido común*, trad. de Ambrosio García Leal, Barcelona, Tusquets, 2011.

BRAIDOTTI, Rosi, *Nomadic Subjects. Embodiment and Sexual Difference in Contemporary Feminist Theory*, Nueva York, Columbia University Press, 1994. [Ed. en esp.: *Sujetos nómades. Corporización y diferencia en la teoría feminista contemporánea*, trad. de Alcira Bixio, Buenos Aires, Paidós, 2000.]

DOVIĆ, Marijan, y Jón Karl HELGASON, *National Poets, Cultural Saints: Canonization and Commemorative Cults of Writers in Europe*, Ámsterdam, Brill, 2017.

DUCHÊNE, Alexandre, y Monica HELLER (eds.), *Language in Late Capitalism. Pride and Profit*, Nueva York-Londres, Routledge, 2012.

EVEN-ZOHAR, Itamar, *Polisistemas de cultura*, trad. de Ricardo Bermúdez Otero *et al.*, Tel Aviv, Universidad de Tel Aviv, Laboratorio de Investigación de la Cultura, 2017.

FERNÀNDEZ, Josep-Anton, *El malestar en la cultura catalana. La cultura de la normalització 1976-1999*, Barcelona, Empúries, 2008.

FEYNMAN, Richard P., *Seis piezas fáciles*, trad. de Javier García Sanz, Barcelona, Crítica, 1998.

FIGUEROA, Anton, *Nación, literatura, identidade. Comunicación literaria e campos sociais en Galicia*, Vigo, Xerais, 2001.

Hábitos de lectura y compra de libros en España 2024. Informe de resultados, Federación de Gremios de Editores de España, 2025.

Hàbits de lectura i compra de llibres 2023. Informe de resultats, Institut Català de les Empreses Culturals (Generalitat de Catalunya), 2024.

KHANNA, Parag, *Move. The Forces Uprooting Us*, Nueva York, Scribner, 2021.

LEERSSEN, Joep, «Nationalism and the Cultivation of Culture», *Nations and Nationalism,* 12: 4 (2006), pp. 559-578.

LEERSSEN, Joep, y Ann RIGNEY (eds.), *Commemorating Writers in Nineteenth-Century Europe: Nation-Building and Centenary Fever*, Basingstoke, Palgrave-Macmillan, 2014.

MALÉ, Jordi, «La literatura catalana a la Universitat. Esbós d'una historia (i II)», *Revista de Catalunya*, 187 (sept. 2003), pp. 81-109.

MESOUDI, Alex, *Cultural Evolution: How Darwinian Theory Can Explain Human Culture and Synthesize the Social Sciences*, Chicago, The University of Chicago Press, 2011.

PERADEJORDI, Sergi, «Dues o tres coses que sé d'ella», *1991 Literatura*, Barcelona, Empúries, 1992, pp. 71-80.

QUEIPO, Xavier, *Cartas marcadas*, Vigo, Galaxia, 2010.

ROSSICH, Albert, y Jordi CORNELLÀ, *El plurilingüisme en la literatura catalana. Retòrica, versemblança, diglòssia*, Bellcaire d'Empordà, Edicions Vitel·la, 2014.

Said, Edward W., *Culture and Imperialism*, Nueva York, Knopf, 1993. [Ed. en esp.: *Cultura e imperialismo*, trad. de Nora Catelli, Barcelona, Anagrama, 1996.]

Sen, Paul, *El frigorífico de Einstein. Cómo el frío y el calor explican el universo,* trad. de Ana Pedrero Verge, Barcelona, Paidós, 2022.

Subirana, Jaume (dir.), *Els premis literaris a Catalunya i en català fora del Principat (anys 2000-2001)*, Barcelona, Gabinet Tècnic del Departament de Cultura de la Generalitat de Catalunya, 2001. Consultable en <http://hdl.handle.net/10609/12281>.

Subirana, Jaume, *Construir con palabras. Escritores, literatura e identidad en Cataluña (1859-2019)*, Madrid, Cátedra, 2018.

Tehrani, Jamshid J., Jeremy Kendal, y Rachel Kendal (eds.), *The Oxford Handbook of Cultural Evolution*, Oxford, Oxford University Press, 2023.

Thiong'o, Ngũgĩ wa, *Descolonitzar la ment*, trad. de Blanca Busquets, Barcelona, Raig Verd, 2017. [Ed. en esp.: *Descolonizar la mente*, trad. y pról. de Marta Sofía López Rodríguez, Barcelona, DeBolsillo, 2015.]

Sumario

Nuevos cuadernos Anagrama